戴錦秀・戴文昌・戴麗珠 著

建築與小品

文史哲出版社 印行

序

建築業和營造廠與住民的生活息息相關，今天，社會經濟不景氣，房地產一片慘淡低迷，父親又已年邁，他一生從事土木營造與建築；晚年又不斷關心、思考相關的問題，寫了一些雜文，想喚起有關當局的注意，造福黎民百姓。

本書首輯就是這些雜文的收錄，父親開朗、豁達，一直是晚輩請益的慈祥長者，對於社會也相當關心；雖然，這些文章有的已與現今時勢脫節，但是，我們也可以由此看出時代社會的轉機；大部份的文章，令人遐思不止，因爲在十多年前，他所想的問題，到今天也還沒有解決，他所提出來的因應之道，依然有其價值存在。

哥哥文昌先生字裕峰、號銘谷，一生從事建築業與營造業，個性豪爽，熱愛國家，生前營建了許多品質絕佳的大樓工程，頗受業者的青睞，由於罹患癌症而於四年多前去世，我收錄了他每年在公司給同仁的祝辭與期勉的話，以及他對建築業的一篇文章，作爲本書的第二輯，以爲他一生辛勞的紀念。

本書的第三輯是筆者一些沒有發表的小品，在社會沒有變遷前，對於社會的一些關注，其中遠離世俗一文，寫於一九九九年，表現筆者對社會的無奈。

這本書的出版，要感謝文史哲彭先生的首肯，因爲爲的只是想讓父親在晚年能愉悅開懷，所以寫幾句話，在書前，讓讀者了解。

國立臺灣師範大學國文系博士
靜宜大學中國文學系專任教授　**戴麗珠**序

二〇〇一年八月于台中

建築與小品 目次

第一輯

第二輯

第三輯

建築與小品

第一輯

戴錦秀著

國土綜合開發法應規定什麼之我見

戴錦秀

在今年之工程師節六月六日這一天，報紙報導我國近年來最有意義之大事，即爲提高土地資源之利用及均衡區域發展之必要，經濟建設委員會建議行政院擬定「國土綜合開發法」將以民國九十五年爲國土開發規劃爲目標年，以配合我國經濟社會發達之需要，擬定配合國內人口之質量動態，預測將來之產業發展趨勢，改善國內人民之民生生活結構之改變及加強國內區域平衡發展計劃，加強推動自由化、國際化、資訊化，配合現在社會之高科技發展趨勢，對天然資源透過公共管制方式，達到開發與保育並重爲目標，而將缺乏天然資源之本省如何適應配合現況社會之我國在東亞經濟集團社會之立地條件之角色。

筆者閱讀後頗感興奮，筆者年輕時因職業關係對於國土開發計劃發生濃厚之興趣，後來雖投身營造業務，但對於此一興趣無法忘懷，事關國土開發筆者就特別注意一般社會輿論，但在我國對於這種關於國家重大建設之規劃，就很難看到有全套之規劃論調，因此筆者曾經歎爲我國沒有這種國土開發之計劃全才，各行政單位都抱持本位主義之片面做法，使行政效率不彰實在甚爲可惜。

筆者未知行政院擬定之「國土綜合開發法」之內容是如何，但應包含促進土地及天然資源之保育利用，人口質量教育之適宜分配及產業活動之合理分布，以加速健全經濟發展、改善人民之生活環境、增進全體人民之公共福利爲核心，衡量台灣在東亞地區經濟發展趨勢，在這一區域台灣應負之經濟角色及立地條件等考量來擬出一個台灣本島之國土開發準則，以利有計劃地推行發揮強力之國力來進入廿一世紀之現代社會，此應爲我國全體人民一致之冀望。

在國土綜合開發法中第一要考慮者國家之安全也，即國防之重要性，在海峽兩岸對於中國和平統一尚未有共識以前，即中共尚未放棄用武力解決中國問題以前，我們仍要有強力之防禦力量來確保台灣海峽之安全，因此必須保持各種軍需基地、軍需工業及兵力之蓄藏等國防問題，此乃國土綜合開發法中應有之重要因素之一。

第二要確保島內之公共安寧及保安問題，因台灣四周環海，海岸線延長一千多公里，海防之重要性與國防之重要性一樣重要，近來年偷渡客如此之多實在防不勝防，筆者曾在「人生七十感言」第五編之「阿山仔偷渡來台之處理辦法之私見」一文中詳細說明在案「請讀者一讀參考」即偷渡客使用現代機動船舶，利用現代資訊通信，且遵照氣象報告起程，如此一來一切海上冒險皆不必考慮，僅如何鑽隙此岸軍憲警之耳目，上岸就一切安全，但如此可引發損害本島勞動工人之工作權益及引發社會治安之不穩，而若再加入農產物品之走私會影響稅收破壞經濟，毒品之走私影響全國人民之健康，使兵力退化，使防衛力量消失等，均爲爲政者不得不考慮防堵之重大保安問題。

因此如何加強沿海之巡邏監視消滅走私保護稅收，應有萬全之監視網及巡邏隊之配置來推行，又如各都市大樓林立，火災災害不斷應整備消防設備強化防災建築之管理，能永久保持公共安寧，能將一切災害減少於最低等之保安問題，亦應爲國土綜合開發法中之重要因素之一。

第三是環境保護問題亦應列入國土綜合開發法中以利保護人民生存之有力保障。筆者曾在「人生七十感言第二編」之「壹個地球杞人憂天」之小文中細述環境保護之重要性，而現在存在筆者心目中之環境保護問題應爲河川污染之改善方法，垃圾之回收即減少製造垃圾之問題及其處理規定，空氣污染之防止及其處理規定等，既在我們社會嚴重發生而尚未能改善之諸項問題，例如在各河川集水區域施工水土保持、綠化環境保護自然生態、涵養水資源以免流失，確保水資源應爲本省現況最迫切需要進行之重大工作。因此應如何規劃保護及積極改善環境，在開發法中明文規定以利劃一、實施實有必要。

過去四十餘年來我們全心全力追求高度的經濟成長，創造了「台灣經濟奇蹟」傲視全球，但是高速成長之反面就是環境生態的破壞，使美麗之島變成醜惡之骯髒之島，民國四十一年間，筆者住在劍潭山腳之淡水河邊（今之劍潭國小旁邊）淡水河之水尚且清澈，河上尚有漁民在採取「蜆」或獲取魚類，曾幾何時淡水河之河水變成醬油色，水質惡化既不見魚類，天然生態破壞殆盡，因這幾十年來台北盆地之人口聚集五百萬（台北縣市之沿河人口）如此膨大人口之家庭污水，全部沒有處理直接放流入淡水河內，而且尚有垃圾、廢土之傾倒亦爲此河污染之最大頭痛問題，你看大漢溪邊之垃圾廢土堆積如山，因溪床遼闊又無人管理，無論是機關或民營之運垃圾車一卸就走，不只大漢溪如此，本省西部之大部份河川之河床上，處處都可見缺乏公德心之人將垃圾傾倒其間。

如此夜以繼日之污染下，目前台灣之主要河川條條嚴重污染並既超過其本身之自清能力，至次要河川其流水既如流廢黑油水一般，因次要河川之流水量本來就很少，其自清能力本來就有限，然而大量工業廢水如重金屬廢水、染料廢水及養豚廢水都沒有處理而直接放流，致溪水如廢黑油般到處可見。

前些日報紙報導台灣之養豚數量有八百萬隻，而豚之廢水是人之三倍，即台灣住民二千一百萬人之家庭污水量，加上養豚之二千四百萬人次之廢水量，如此之污染農業，我想農業主管單位應該知悉此一嚴重後果，然農業主管單位視如不見地放任成長，絕不考量節制此種出口農業，嚴重危害本省之環境衛生實在不該。應計劃自費額、減少出口豚隻以便節制養豚數量來改善本省之環境衛生，應爲爲政者必須考慮之問題。

筆者認爲在國土綜合開發法中規劃設限或規定養豚場之設備條件，嚴禁豚隻之廢水以及禁止家庭污水直接放流河川。而且應在都市計劃法中規定雨水下水道及家庭污水下水道以及工業區應有工業廢水下水道等各種下水道之設置，且必須設有淨水設備之規定，使廢水還原爲清水始可放流，而此就不會污染河川。

污染性工業所排放之廢水總量也許不比家庭污水或垃圾滲漏水多，但其污染質是河川水質最擔憂之禍首。筆者曾經在湖口新竹工業區蓋數棟廠房，按照湖口工業區管理處之規定，雨水下水道及工業廢水兼廚房污水下水道需分開施工，二套下水道之工作似有浪費工程款，但事前設計周到時其增加工程款有限，但甚爲理想，其放流溪似爲新竹縣之鳳山溪，至今尙未見鳳山溪污染事件應爲很好之事例。

在民國六十年筆者爲日本來台之一家電機廠蓋工廠，附帶蓋一家電鍍廠，因電鍍廠之廢水處理最爲麻煩，且筆者當時亦無污水處理之經驗，因此另聘請日本一家廢水處理公司爲輔導筆者做爲施工顧問，曾經按照設計圖之流程施工處理藥槽等各項槽，在最後設置一處清水池是貯藏廢水處理後之清水池。本池池水尙可回流做爲原水使用亦可放魚養殖，若魚不死亡本池水就可放流，其時台灣尙未聽見工業廢水污染之聲音，而日本既相當發達，因此筆者希望在國土綜合開發法條文中，應硬性規定各工廠應設置廢水處理規定使工業污染於最小程度。

在台灣之山地本來在各交通路線均設置隘口、設有檢查哨，一般人民要進入山地必須申述入山理由申請許可，經許可始得進入山區，因此一般平地人是無法自由入山，此爲保護原住民之純樸及山地林木之免被破壞也。但因中部橫貫公路之開通及以後之南橫貫、北橫貫或阿里山公路之陸續開通，使開路工人之榮民滯留各路沿線，將沿線山坡地亂墾開發，如德基水庫之完工，而將梨山開發成高山都市且放任自由發展變成無計劃之聚落，但既有都市雛型就吸引平地人入山居住，一面經商一面亂墾附近山坡種植梨子、蘋果、水蜜桃或高山茶園，最後種植高麗菜、芥末等之寒冷農作物，將原始林盜伐開墾之情形在全省各重要山地道路沿線都存在。

此因爲最初榮民滯留與原住民或通婚、或合耕耕作時政府並無取締，而且有鼓勵之情形應爲不爭之事實，致吸引大量之平地人陸續進入山區合耕是爲現在之情形也。筆者前年由東部立霧溪口經太魯閣越過大禹嶺進入梨山之七日遊時，看到中橫貫公路沿線之亂墾動態，有的山頭既赤赤禿禿，以前如海綿體之地表面層不復存在，水源涵養體既受破壞，前面所列之寒冷植物到處可見。昔日筆者駐在當地測量時之景觀不復存在，只有回憶當年之美景今何在之感矣。

在梨山看到公路乘車亭下陷不能用，除梨山賓館外其他房屋亂雜，充分顯現山坡表土鬆動之危機，而農作物之施肥及施農藥之殘留化學物質，隨雨水或住民之家庭廢水並無處理就逕流入德基水庫，致水庫之蓄水優養化，亂墾改變山貌致使表土流入水庫堆積使其壽命變短，水質之優養化使水質變壞，水不能用之危機，此種情形全省之水庫都一樣發生，因此國土綜合開發法在此一問題上應有嚴厲之措施，有法源來保護水源涵養區及制止破壞水源之種種違法行爲，此爲筆者所望也。

垃圾之回收即減少製造垃圾及其處理規定，是爲現在全省最爲熱門之話題，全省各市鄉鎮都爲處理垃圾之問題大傷腦筋，因此日常用品之包裝是否簡潔及包裝容器之回收是否妥善或禁止保麗龍容器之製造，其執行是否徹底等等，回收尚有用處之資材爲國家節約物質，即如收回廢紙類間接保護森林，回收鐵鋁罐或塑膠製品節約外匯之支出等，政府應在國土綜合開發法中硬性規定，聚居一定數量人口之各市鄉鎮應普設廢棄物資回收站及垃圾燒卻爐、污水處理場及配置相當數量之公園以利淨化市鄉鎮之空氣等環境問題，因此此項規劃計劃之實施，其良惡關係人民生命健康及經濟發展都有密接之關係，因此國土綜合開發法案中，環境衛生是佔有相當重要之一環，爲政者要愼重規劃實有必要。

第四要擬定配合國內人口之質量動態，預測將來之產業發展趨勢，改善國內人民之民生生活結構之改變及加強國內區域平衡發展計劃及促進土地及天然資源之保育利用乙節，應爲國土綜合開發法中之主要題目。在國土開發問題上之第一要務應爲全國人口之推計，在推計將來之人口質量以前必須先統計過去十年之每年人口質量動態，始能把握將來之推計數據之正確答案。筆者以現在之台灣人口增加率一・二%爲基準，以等比級數式來推計民國九十五年時之台灣現住人口，應約爲二千四百七十餘萬人（以前筆者之推計人口之方式是以過去十年之實際人口數做爲基數以最小自乘法來推計求取之數據比較正確，然筆者手頭並無資料因此簡單由等比級數式推計）國土開發是應依此數據來規劃，土地之使用及其分配、水資源之開關及保護、公共建設及交通建設之規劃、糧食需求之確保及耕地之確保、住宅政策之編定、社會福利之推行等經建計劃之設計均以此爲基準。

筆者曾在本刊先後發表「建築容積率之施行及土地政策之修改意見」及「人口問題與第二次土地改革問題」等兩篇小文，約略申述人口量之如何保有才是適當及人口人力之如何調配才算合適，筆者認爲應保有強力之兵員人口及保持強力之腦力人口及勞力人口，應爲國家要積極進行保有之絕對要件，至於生活品質及人口質之改善係教育與文化層次之提升問題，應爲教育學者研擬全國所需之文理工商之所需人口，依此來計劃教育人口量之規劃，進而規劃學校量及位置之分配等應爲不可或缺之問題也。

土地政策，筆者曾謂土地政策之好壞影響全民之幸福甚大，因此爲政者之土地政策之最終目標應該是促進土地之正確使用，因此政府應透過種種既有法令或重新立法來保護土地之正當使用，排除一切土地正當使用之阻礙，同時大衆所持有之土地其正當使用而所獲取之正當利益應有保障，使土地之使用發揮最高效益，幫助工商發展所需土地及爲全民利益所需建設之公共用地之徵收及收買有高度之強制性，因此政府應有將全國之土地持有結構全面改革之非常決心不可，此爲筆者對土地資源之利用所持之意見。

關於政府之住宅政策，筆者認爲應以造成「住者有其屋」之均富祥和社會爲最高目標，儘量化解土地持有不均之問題，硬性規定閒置之國有地或國營事業閒置地，釋放給民衆來建屋或推行改造舊市鎭或造成新市鎭，利用區域徵收或土地重劃方式由政府來造成廉價建地，提供給無自有住宅地之人民承購建屋或配合國民住宅來興建出售給大衆，對人民之需求擴大供應，使供需平衡原則之供面大增，需面漸減，如此一來地價及房價就自然下降，造福人群以此爲甚。因此土地政策及住宅政策在國土綜合開發法案中應將此一理念編入在內，乃筆者所望也。

關於社會福利政策因這一次縣市長之選舉，各位候選人爲了選票都開出美麗堂皇之福利政策，但這些人到底有沒有考慮政府之財政能力及一概支領是否公平、是否必要，筆者認爲以不能脫現之不成熟政策來欺騙選民實在不該，有人說王永慶先生今年七十八歲是不是也要發這一筆福利金，是一針見血之質問了。所以筆者認爲以各人之境遇來審核發放福利金或由政府來辦理老人養老中心等，至於全民保險政策或老人年金政策係政府將國內人民之民生生活改善爲目的之措施，應研究整套之完整政策來主導，不要盲目主張擴張以免拖垮政府財政，更不要造成福利資源分配不公之反效果，是爲政者應再三考慮之問題也。

關於預測將來之產業發展趨勢係經濟部及經濟學者之領域，以人工密集工業造成台灣經濟奇蹟以後，台灣既跨越進入高科技術年代，應如何在這轉換時代能進入這一領域應由各位學者之研究規劃，何種工業產品要生產多少，內銷量、外銷量都有全盤之檢討來分配，不可超量生產影響滯銷等，而且在國土綜合開發法案中應嚴格規定無論何種工業，其生產製造過程均不得污染一般社會大衆應爲全民之所望也。

加強國內區域平衡發展計劃乙節，本省本來就有台北都會區、台中都會區及高雄都會區之設置，然筆者認爲新竹科學園區之高科技園區亦可獨立劃爲一都會區，將來之雲林麥寮之離島重工業區亦可規劃爲斗六、虎尾、嘉義、彰化爲一體之嘉彰都會區，東部之花蓮、台東合併爲東台都會區，而台南市縣應屬高雄都會區，桃園縣及宜蘭縣仍屬台北都會區，如此將全省劃成五個區域，在各區域研究其區域內特性如港灣、人口、土地、能量資源、水資源、礦物資源、遊憩休閒資源都要詳細調查統計，由國土開發規劃人員按各區域之立地條件因子來決定各區之發展計劃使全省均衡發展，然最為重要之一環應為全省交通網之規劃及其施工也，交通之通暢應為區域均衡發展之最大要點，因此交通網之規劃為國土開發之重要一環公路之新設、港口之開闢、空港之設置、高速鐵道、高速橫貫公路之建築是否需要皆為國家百年大計。

筆者希望這一次之國土綜合開發法之擬定能包羅萬象，詳細調查一切資料能預測未來發揮高度智慧來完成完整之一部國土開發聖典以利大家遵守推行是筆者所望也。

輻射屋及海砂屋事件之省思

——談營造廠之無奈

戴錦秀

自從前年民生別墅社區發生輻射鋼筋污染事件以來，筆者就一直在思考這一問題之嚴重性及營造廠之責任問題，因爲鋼筋有輻射污染是無法以目視能了解之事情，且營造廠向協力廠商承購鋼筋使用之第一要件是尺寸是否符合設計標準，重量及抗張強度是否符合設計強度，除此二點習慣性要請學術機關檢驗證明外，至今尚未有請原子能委員會檢測有無輻射污染之情形，因此將發生輻射鋼筋污染之責任推給建設公司或者營造廠實在都沒有道理，因爲鋼筋之供應商亦未知向鋼筋公司所承購轉售之鋼筋有輻射污染。

然而鋼鐵公司因所購入之廢鐵有滲入輻射污染廢鐵以致製造出來之鋼筋有輻射污染應亦無所知，因此經筆者思考再三最後之結論，這一事件是局部性之偶發事件，有人主張彈劾原子能委員會，筆者認爲實在有苛酷之嫌。然而這一輻射污染鋼筋要如何處理善後應爲這一事件之最迫切需要研究之問題及如何防止再次發生同一災害應爲社會一般大眾所關心所在。輻射鋼筋污染事件之實際發生年度是民國七十二年，而且七十四年亦發生遺失輻射廢鐵塊之傳聞，而前些日子電視上報導這一廢鐵塊在桃園某鋼鐵公司之廢鐵堆中找到之報導觀之，此一輻射污染鋼筋之來源，有關機關單位應有所知悉應無疑問。

筆者認爲鋼鐵公司所購入之廢鐵應經原子能委員會測試證明不含輻射污染始能使用之行政命令應爲第一要件，因此海關應爲此一問題關卡之第一關，各鋼鐵公司之出廠鋼鐵製品均需經「輻射偵檢儀」偵測後，證明並無輻射污染始可出廠應不是很難做到之事情。

至於已發生之輻射屋之善後問題應要迅速處理，即發射污染源已係鐵筋，將鐵筋混凝土之表面全部用錫泊（如同醫院之X光室之包裝），此一構想係筆者之杜撰，是否可行全無把握，否則全部拆除重建，由政府之建築主管機關規劃設計、估價經費，並由現在所有權人及建設公司起造之、原營造廠再次承造之、鋼筋供應商或製造商共同負擔一定之比率，餘即向一般社會公開募款，尚有不足始由政府等來支援支出應爲最好之方法。若再拖延將無過之現住戶住民放置在輻射污染室內使之年久接受輻射劑量之污染，雖不會立即死亡之危險，然輻射劑量是累積之東西，日復一日住民之健康即日復一日惡化，實在不人道莫此爲甚，請有關機關迅速決定處理方式，並開始動工應爲筆者所望也。

輻射屋之處理未明朗化，社會一般大衆尙在疑慮是否自己亦在輻射污染中，最近再次爆發海砂屋事件，這一事件之元兇絕對係預拌混凝土廠之不誠實所引起，在一般通常情形之商業取引下營造廠與預拌廠之間都有合約，去年在本刊第四期筆者曾刊載「因預拌混凝土試壓強度不足及不凝固，致遭受慘重損失之檢討及今後買賣契約之簽訂方式之意見」一文中，筆者已指責重點係試壓強度之不足及不凝固之責任問題，並未觸及使用海砂即混凝土之骨材使用問題，因爲大家都知道混凝土之骨材若使用鹼質骨材其結果仍導致強度損失及過度之膨脹作用因而使混凝土發生破裂，因此不能使用海砂製作混凝土應爲製造混凝土之一般常識，且在一般施工規範之混凝土篇都有記載，而且一般海砂之細度模數（爲骨材平均粒徑之大概指標，細度模數愈低則砂愈細）只有〇・七～一・五，而混礙土粒料之標準細度模數應有二・三～三・一才可使用，因此工程估價分析表中都註明粗砂或清洗砂就可明瞭，若無這一次之海砂屋事件，筆者根本沒有想像有喪心病狂之業者會將海砂做爲混凝土之骨材。

有人指責海砂屋之出現是法令規章之不明確，學術研究單位未重視，學校教育沒有教，再加上建築料源之欠乏及業主毫無品管觀念等等，但依筆者之觀察即海砂從那裡來，就有疑問？因爲海砂之抽取是要用抽砂船是要相當之大工程，如榮工處之抽砂造陸工程或現在之六輕之抽砂造陸工程都用龐大之船團來施作，其抽出來之砂是海中砂，除含有相當濃厚之鹽分外，其細度模數也相當高可做爲混凝土之骨材使用，然其去鹽工程亦要相當昂貴之費用，因爲本省之淡水（自來水）相當貴且設備也要很廣闊，如泡砂池、洗砂槽、原砂堆置、清砂堆置場等等都要一筆不少之投資始可成功，因此現在一般大衆所稱之海砂恐係是海埔砂，因爲海埔砂是本省西海岸沿海一帶之木麻黃樹防風林與季節風之結作品堆積砂，而堆積之海埔砂在有良好之交通道路之海岸始有人盜採，盜採行爲是犯刑法之有罪行爲，若海埔砂放任其盜採，本省美麗之海岸會被侵蝕，防風林會被破壞，依此海埔砂建築之構造物房屋均屬危險房屋，因此基於環保與公共安全，政府必須下定決心遏止這個歪風，要取締此一盜採行爲並無困難，因爲現場有明顯之挖土機做爲目標，且在通往海岸之道路上設卡立崗或者派員巡查或者發重賞，將沒收之盜採工具車輛折價賞賜於檢舉人，即此一盜採行爲應會立即消滅。

若盜採人將盜採之海埔砂賣給預拌廠，筆者認爲廠方應該知道這是盜採之海埔砂，因爲溪砂或河砂與海埔砂是很簡單就可辨別之貨品，而廠方明知海埔砂是含鹽砂而無處理就將這海埔砂使用製造混凝土時，廠方已犯收買盜採海埔砂之贓物罪，使用含鹽砂製作混凝土販賣給保證品質之消費者時犯詐欺背信罪，爲商品品質之虛僞表示妨害農工商罪，不知情之營造廠將含鹽砂混凝土做爲建築材料蓋房屋，因海砂屋遲早會發病，發病之海砂屋隨時都可能會有倒塌之可能，是有公共危險，即如此後果係預伴混凝土廠不誠實而所發生是要課何罪責，筆者就無法指出了，若有人員傷亡那就更加難述了。

有人指出全省有四五〇家混凝土預拌廠中，有二〇〇家是未立案之非法業者，甚至合法業者都在使用海埔砂，尚且指出苗栗崎頂海水浴場每日盜採三千立方米、新竹南寮漁港一千立方米、桃園竹圍港一千貳佰立方米、台北林口海邊一千貳佰立方米，即每天盜採海砂量總計六千四百立方米，若此一指責屬實即此一海埔砂製造出來之混凝土應有一萬四千立方米之混凝土每日流入市面在蓋房屋，在如此大量製造海砂屋，將來一定會發病而需重新蓋建，其損失之嚴重無法估算，是非常可怕之事情，因此有關當局應立即派出有司法權之警察將全省之盜採海埔砂之現場及全省之預拌混凝土廠全部抽檢，若有盜採海埔砂立即封閉，若有使用海埔砂之預拌廠商立即禁止使用，使之不要再危害一般大衆應是責無旁貸之工作了。

然而本省之行政效率本來就很差，全省大衆爲海砂屋之災害沸騰多時都沒有看到政府部門發動公權力來制止這項公共危險行爲之繼續進行，是建築主管機關乎！工商管理機關乎！海防巡邏隊乎！或警察機關乎！就是沒有一個政府機關出面來處理這一問題，哀哉台灣住民！

再談營造廠這一行之苦衷

戴錦秀

筆者在人生七十感言第三篇及第四篇中曾將營造廠之苦衷敘述過，當時之所以會感慨敘述營造業之苦衷，是因爲民國七十六年開始之房地產漲風至七十八年止之房地產業景氣使房地產業者大賺特賺，這是房地產業者之好景氣，但是相反地這一段時期是營造業者最困苦之時期，因爲全省各地之房地產業者一鼓氣推出很多建築工程，致使社會上發生供需失調現象，建築工人嚴重缺工致使工資一月數漲，普通工資自每日陸佰元上升至壹仟貳佰元，技術工資自捌佰元上升至壹仟陸佰元，致各營造業者在七十五年底及七十六年初承攬之各項工程爲吸收此一漲價都受到嚴重之虧損來完成漲價以前所承攬之工程。

爲此筆者曾謂在施工期間內之一切經濟風險，不可避免地須由營造業者自行負責吸收，此種極不合乎經濟正義現象之動態，在現行之民法規定上亦無適當之補救條款，而無法使營造業者能夠避免此種經濟傷害。

其實營造業者本身若承攬工程，自接到工程開工日起就將各種應用材料向各協力廠商訂立買賣契約，自鐵筋、預拌混凝土、門窗製作按裝、紅磚、砂石等，工資如紮鐵工資、模板工資、灌混凝土工資、挖土運棄等，都分類分層包給下包，而且均有訂約，在法之立場上各供應商及下包都應有履約之義務，否則因此所引起之一切損失應由其負責賠償之條款亦訂有明文。雖訂有明文，但是實際無法應用。

如今年三月間所發生之卡車超載嚴格取締所引起之卡車運費之拒載及漲價，以及砂石價格之暴漲，預拌混凝土之價格暴漲，使營造業者再次承受一次不能抹滅之嚴重創傷，最近之營造業者不僅對材料漲價衝擊，缺工情形更加嚴重，因六年國建之全面推動這一部份吸走大部份之營建工人，一時間營建工人顯得供不應求，使工資節節竄升，如模板工因爲帶有技術性質，在市場需求量增加時，實在也很難找普通工人來替補。

以致今年初尚在一、八〇〇元漲到二、二〇〇元，最近漲到二、八〇〇元左右，致同業間發生惡性挖角，在工地現場撥現金每日工資三、二〇〇元等事情都發生，雖然這種作法是不對，會造成惡性循環，但是營造業者因與業主定有完工期限之契約，在期限內無法完工時所需賠償之遲延罰款往往比給工人之補貼款還要嚴重。

因此雖與模板工頭早已簽約，但工頭只說「不是我不做，因我無法招募工人前來工作」，而每天僅一、二人來上工而已。如此時營造業者就不得不支付補貼款來幫助工頭招來工人來趕工。

又如挖土方之運輸業者說「當初我跟你簽約時，我每卡車可載二十五立方公尺，現在是政府規定嚴格取締僅准載十立方公尺，所以我每立方公尺八十元之運費一定要增加至每立方公尺二百元才可能夠本，否則拒絕出車。」這種情形是全省一致同時發生，業者實在無法找另一家可減價來承運時，營造業者誰有辦法解決此項不准予漲價以外之施工方法來完成工作。

預拌混凝土業者即以不出料爲要脅，因他說「現在砂石料之供應失調，今天無料」營造業者有何方法使之出料呢？除非砂石料之漲價多少就補貼多少，如此預拌廠就無話可說，就會給你出料，即營造業者補貼錢給他以後尚且要向他說一聲謝謝呢！而此缺工缺料情況對營造業者之衝擊，使營造業者追工、追料疲於奔命是爲了商德、建立信譽、按照訂約期限交出承包工程爲最高目標，因此變成各項補貼款營造業者必須支付，而業主不予理會時，就必須自行吸收外實別無他途。

前些日子報上登載二十七家北二高營造商要求政府補貼，因取締砂石車超載造成運費上漲所增加之成本；新台幣四十億元，報上亦發表高速公路工程局長說「若營造業者因這次超載取締發生嚴重損失，若能提出確實證據申請時，以個案各別准于所請」如此政府實在明理，應是正確的做法。反之民間業主能如此明理者實在有限。

八月間筆者收到某營造公司發給全省同業之公開信，茲將原文附在本文末，以供讀者省思？

各位親愛的同業：

營造業是一種艱苦的工業，最先面臨的是競標，好不容易得標了，還要挑選好的小包，訂購所需的材料，如鋼筋、水泥、混凝土、鋁門窗、砂石等，所請人員也要忠實刻意地規則管理，早起晚歸的在工地督導小包，才能有收穫，此微薄小利，在外人不懂的道理之下，以

爲我們皆是建築商搞房地產的暴發戶。（其實我們跟建築商完全不同）

而我們同業在大家互相競爭之下得標者，還要面臨業主的刁難剝削，而連屁也不敢放一下，爲了生意道德，儘可能的息事寧人，非要求的太過份予置之死地，也不敢反擊。小包的工作態度也是穩賺不賠的，工作作不過工，包商也是要儘量的幫助他，貼補才可順利的完工。材料的採購更是一大學問，業主常有稀奇古怪的建材的指定，圖面上擁有的專利，常有一物三價的事實，最近台北市政府工務局公園路燈管理處的花木風波也一樣，很多就像冰山埋伏在大洋中沒有露出水面屢見不鮮，太多的同業因不小心陷入業主的陷阱，搞得家破人亡，（包商其實是）包傷。

營造業每天要面對的是業主的監工，面對小包及材料商，也要面對管理幹部還要面對警察、環保、兄弟、稅捐處等單位的希求，惟一的安慰是承包公家工程款絕對不會跑。合約的束縛，工期的延滯就像枷鎖綑綁在身上，一點也不能翻身。而跟下游廠商訂合約就像衛牛紙一樣，毫無作用，賠了本就拒不交貨，也無可奈何！打贏了官司，賠了工期，得不償失，只好自認倒楣。

自從三月一日偉大的有學無術簡又新部長，放了一把大火把所有的同業都要燒死，也不想辦法撲滅它，就這樣讓我們自生自滅，所有差價皆要包商吸收，物價指數貼補無濟於事，此浩劫就像把我們口袋裡的錢，讓強盜進入搬取，眼睜睜的流著眼淚，也不能抵抗，還要面臨逾期罰款的合約。官僚們它們沒有身受其害，不了解本業者的苦衷，還大言不慚地說沒有什麼了不起。同業們我們太善良了。

預拌混凝土業者有公會可說沒砂石，停止出貨，砂石工業者說無貨源停工，而我們營造公會什麼也不講，打電話去問只說盡量爭取，每年收取公會會費那麼龐大，也應該在此時把跟政府協調結果做個快報回饋一下，以告慰同業者。

同業們，我們處此生死存亡之境遇，大家應該聯合起來，集體休業來增加談判籌碼，看卡車業、砂石業、混凝土業囂張到幾時，而官僚們才會正視此事，包商的生機在於大家的團結。

因預拌混凝土試壓强度不足及不凝固，致遭受慘重損失之檢討及今後買賣契約之簽訂方式之意見

戴錦秀

混凝土是水泥、砂、小石子之凝固混合體，小石子之空隙由粗砂來塡補，而粗砂之空隙由水泥來塡補，而水泥之凝固由水來策成，是爲初學材料學時之原始理論。

混凝土之製造方式在筆者年輕時是現場製造方式，且混凝土之配合比是依一：二：四或一：三：六或一：四：八等方式即按水泥、砂、小石子之容積配比來表示混凝土之強度，因此按此比例製造出來之混凝土，按當時之習慣是不須負責二十八天後之混凝土強度是多少之問題，至民國三十七、八年間筆者承包水利局之工程時，混凝土之配比之表示方式就改爲水泥、砂、小石子、水四種並依重量記載配合比率並規定二十八天抗壓強度kg/cm²或LBS/inch²之方式來表示混凝土之強度，但是在由工程人員直接監視下製造出來之混凝土之強度，營造廠本身即施工人員應負百分之百之絕對責任應無疑問。而且在營造廠商被監工者監視下製造出來之試體經抗壓試驗結果，大概都能合格過關，而製造試體之人員亦都有專業之常識。

但因社會經濟發達需要量激增致社會上增加預拌混凝土工廠以來，除少數山間避地之小工程以外都使用預拌混凝土。因此預拌混凝土就變成一種商品，由預拌混凝土廠商來供應各營造廠商來使用，而此一商品是要保證其品質在澆灌後二十八天應有所約定之強度爲特約要件亦應無疑問。但在應無疑問之問題上往往會發生竟想不到之事情。

本公司承造之忠莊建設鹿特丹區集合住宅新建工程，於八十一年元月二十九日澆灌B棟九樓版床及C棟五樓之柱、樑、牆之混凝土搗築工程，其日總使用量爲五三四立方公尺之四千PSI預拌混凝土，都按平常一樣由信一預拌混凝土股份有限公司供應。然經本公司數日養生後卻發現C棟五樓之柱樑牆之混凝土，有一部份尚未完全硬化凝固，因此本公司就急速邀請供應商信一公司及業主忠莊公司及建築師等有關人員會商研究不凝固之發生原因，其結論是可能電腦發生故障，致使電腦失控因而緩凝劑使用過多發生化學作用不凝固、沒有放進水泥，這二點。且發生疑問是，B棟九樓並無問題、C棟五樓亦僅一小部份、間隔一段距離再一小部份岔叉開發生不凝固，即電腦之故障似一會兒好、一會兒壞之動態。

筆者在七十二年間，在高雄市左營承建市政府之果貿新村集合住宅新建工程時，其中之第七棟（總共七棟十二層樓及四棟十五層樓）之水箱蓋層即地下室底層版床，澆灌後翌日就發現不凝固情形是全面性，而此動態當時筆者就通知業主（市政府國宅處）及供應商及建築師四方面人員在現場査勘商討結果，以緩凝劑使用過多爲結論，大家決定待凝固後二十八天，鑽取試體經抗壓試驗看其結果是否合格，然後始決定以後之施工步驟，而工地暫停施工，但該層混凝土在第三日以後就開始凝固，在二十八天後鑽取試體，送往檢驗結果證明合格，始再次進行後續工程，僅工期問題由市政府准許不計算而順延外並無發生任何損害而結案。

此例則爲緩凝劑劑量之使用不當所引起，因此筆者認爲其凝固雖比一般緩慢，但尚在容許範圍內，因此才能還可獲得預期之效果。

鹿特丹工程即似屬第二點結論；沒有放進水泥，因爲澆灌後第三十天之二月十七日本公司會同業主、建築師、信一公司四方面人員到達工地直接查勘在似未凝固部位，以壓力槍(TEST HAMMER)試驗其抗壓強度，結果並無強度顯示，可見混凝土之品質有問題，並將不凝固之混凝土用手挖出經目視及用水洗滌檢驗，僅有砂及小石子並無發現有其他之泥漿，即並無使用水泥之痕跡，因此本公司就於二月二十七日發函要求信一公司，因所供應預拌混凝土有品質上之瑕疵，請該公司應負一切責任。信一公司亦於三月十九日回函表示願負不凝固部份之一切責任，但業主方面是要求全面拆除重做，而信一公司謂全面拆除有擴張損害範圍之嫌，因而主張僅將不凝固部份拆除重做而有所爭執，然而有凝固部份經中興大學混凝土試驗室做超音波測試及鑽心取樣十二處三十六粒試體，經專業機關壓試結果，強度僅四粒不合格外，餘均合格，因此決議按信一公司之建議將不凝固、不合格部份拆除重做。

至重做工程完竣，其間既磨費六個月，工期之損失暫且不談，僅板模乙項就因停用，放置過久拆下來既已腐爛不勘使用，致重新購買及鐵筋之剪接重配等材料之損失約四百餘萬元。然信一公司僅同意賠償拆除工資、預拌混凝土料款、裝模工資、紮鐵筋工資一百餘萬元外，而腐爛模板之賠償款、鐵筋補強重新購買款都不想賠，因而與本公司發生爭執，且惡人先告狀，告到法院說本公司積欠貨款未付而起訟。

起訴後之爭執點並不是賠償款多少之問題，而變成品質之負責範圍之問題，即信一公司提出預拌混凝土公會按中國國家標準所規定之第一條前段所記載之「預拌混凝土廠之品質應負責至購方指定交貨地點爲止」之證明。推諉主張澆灌後不凝固係第一條後段「混凝土運至工地以後，其澆置、搗實、養護及保護等工作，均不在本標準範圍內」之規定，即謂屬施工不良之施工責任問題。在起訟時工地既重做完成，一切證據均被破壞，不凝固部份除在書面上協調會議紀錄中尚可查覓外，在工地已不復再能查勘，即有利證據不復存在之狀況下，本公司不得已採取溫和態度，最後和解解決此一爭執。

對於這次事件，雖然和解解決但遺留下來之後遺症，在營造廠商之立場應不得不檢討，即在國家標準之中段尚有一段對於品質之保證規定，是我們營造廠商都不知道，尚且不曾使用之規定即「購方要求與本標準不同時，得以購方之要求爲準」即購方所要求之二十八天後之抗壓強度，應以澆置後之鑽心試體抗壓強度爲購買要件時，預拌混凝土廠商之品質保證就不是採自澆置前之預拌混凝土所製作出來之試體抗壓強度所可做爲遁詞。而且此項試體尚可有被掉包作弊之可能事情發生，實在不可採取爲宜。

而且本公司尚有一樁甚爲奇特之案例，即本公司承包之某工廠之地坪混凝土，經過一年以後發生地坪發生數十處之龜裂小洞，經本公司鄭經理數次查勘都說原因不明，不得已筆者就親自查勘，結果發現預拌混凝土廠所使用之骨材「砂」似是海埔砂或海砂有很多不純物品（大都是樹枝木節）該預拌廠之骨材，明顯並無經過篩選及清洗之工作，其粗製爛造既很明顯，經本公司邀請該廠商至工地查看都無法請到，因貨款亦既付清亦無法請賠，而由本公司派工將各木節挖開充塡環氧樹脂修復。

自去年三月間之卡車嚴格取締事件，因而發生砂石料價格之暴漲，致而預拌混凝土價款若無重新議價漲高就拒絕出貨等事件觀之，預拌混凝土廠商之商業道德似既不復存在，我們營造廠應各自細心注意。

前些日子無意中看到營造會訊第十五期內中有乙節；發泰營造股份有限公司之建議函與本公司之遭遇頗似相同，該公司呼籲各公司應注意下列幾點：

㈠無論拌合廠之大小或名牌，工地人員均應加強管理，爲減少風險，自採樣起應隨意指定車次製作試體，需簽名作暗記外，更要親自會同公司試壓，驗明正身，並要求按時交付試壓報告書，任何往來應以備忘錄等文書紀錄爲準，勿予可乘之機，並擇機作鑽心取樣試壓，長途監控，以保品質之完善。

㈡勿使用拌合廠之版本合約書，因其內容粗略外，多偏賣方，未臻合理之處頗多，應自行擬定合約書，就一般性條款之外，增列規範、配比、賠償等有利我方之要點，或建議公會法務組研撰一公平合約書範本，印就提供會員統一使用。

㈢建議公會設立試驗室，所有會員之混凝土、鋼筋、建材等均可以其爲公平試驗場所，要求必須雙方到場會同方予試驗，以保障品質及會員之權益。

㈣由公會評選優良之預拌廠推薦會員採購，或邀集各會員出資設立數座拌合廠，除可供會員優良產品外，亦可達平價及制衡賣方之強勢壓力，再而得以保障營建物之安全。

此一建議與筆者所想不謀而合，因此筆者建議法務課吳春美課長、王麗芳與工程部陶副理一同，研撰一公平合約範本以利公司使用。

工資之省思——貧窮與均富

戴錦秀

大約在今年之六、七月間報紙報導本省之最低工資之調整價位問題，勞工委員會與經濟部發生爭議，因爲勞工委員會鑑於國內各行業普遍面臨缺工之情況下，爲塑造良好之就業環境來吸引家庭婦女、童工在內之弱勢勞工踴躍參加就業市場，使國內之勞動參與率有所提高，因此擬將基本最低工資調整提高十五·二%爲新台幣一二、二七〇元。

然而經濟部則強調過高之最低基本工資會使雇主在衡量投資報酬率，分析個人勞動力時極可能會放棄雇用這些勞工，結果反而使國內之失業率提高致使加重弱勢勞工之失業壓力，削弱政府照顧這些勞工之美意，因而反對勞工委員會所提之較高之調整率擬減爲十%以下。

據稱最低基本工資之定位主要是一、反映過去一年之國內物價之變動動態。二、各行業之平均薪資標準。三、國民之平均所得。四、勞動生產力等四項因素，再配合經濟發展狀況及一般家庭之平均收支等衡量計算而得，因此勞工委員會所提示之數據並不是隨便之數字，應有所依據，結果此項爭議是採取折衷方案定位在兩機關所提示之平均點，定爲新台幣一二、三六五元，自今年八月一日起實施生效。

筆者自日據時代就一直經營營造業，因此對於最低基本工資之效用　直不太明瞭其作用，以為此項標準是為勞工保險局之課徵保險費之薪資起徵點之依據，是薪資分級表之起點級，並不是反映實際生活水準之數據，因為營造業之實際工資與此項法定之最低基本工資一直出入甚大。本刊前期筆者亦曾說建築工人是屬於臨時雇用之工人，有出工才有工資可領，無出工就無工資，因此在社會上房屋市場蕭條時，建築工人之工資就比較隱定，但是房價飆漲，建築市場好景氣時社會上發生供需失調現象，嚴重缺工時工資會一月數漲，否則很難找到工人來工作，其中技術工人則最難確保，因為同業會提高工資來挖角所致。

現在之建築普通男粗工日薪為一、八〇〇元，女粗工為一、五〇〇元，鐵筋技術工二、五〇〇元，模板技術工二、八〇〇元，以上所列之工資表示現在之建築工人之月收入應在五萬元至八萬元之間，其平均數亦比最低基本工資高五倍以上，因此最低基本工資之訂定，其最終目的是在保障國內少數弱勢勞工之生活，受惠勞工是小型公司之女性從業員、童工、學徒，行業則集中在成衣加工、服飾品製造業、塑膠製品製造業、電子器材製造修配廠等，與營造建築工人之工資毫無影響。

行政院主計處日前發表國富調查結果，台灣地區之平均每戶家庭擁有財富達五二六萬元，每戶平均四人為計算標準時，即每人平均一三三萬元，同時分析台灣地區之每坪房價分為台北市、高雄市、台灣省三種區域來比較：台北市為二一〇、八五四元，高雄市為一〇八、六〇〇元，台灣省為七一、〇〇〇元，若依此來衡量一般民衆之房屋購買能力時，應以台灣省最為理想，而高雄市次之，台北市應為最不合算之地區了。

依此類推希望政府能善於運用國富調查之結果，正視其所指出之問題，妥善謀求解決對策，避免人口集中疏散住民往郊區，建設快速交通道路，順暢大衆之來往，注重區域之全面均衡發展，重訂土地及住宅政策，使台灣地區人民不知貧窮之滋味，建立均富祥和之社會應並不是夢，即排在眼前之事實。

前些日，報上報導某一銀行擬舉辦購屋貯蓄，人民若想要購屋置產先行開戶開始貯蓄，在開戶滿二年時銀行即准予按照該戶二年間所累積貯蓄額之五倍以內之購屋貸款，若此項報導屬實台灣地區就沒有無殼蝸牛族之存在了，因爲前述之建築工人之貯蓄額二年應有八〇萬至一〇〇萬元之間，購買一家三十坪之房屋連同銀行貸款應無問題。

因爲以前之工資是在生活費用範圍內標準定位，但自七十六年起工資飆漲超過生活費用，現在將筆者所經歷之工資動態略述如后做爲參考，筆者初入營造界，其時之工資爲當時之台灣銀行券（金本位券）大約壹元爲技術工資，男粗工大約技術工之八・九成，女小工是男粗工之八・九成，因爲當時之工資要按每位工人之工作能力發工資，因此都有高低之分，如此項工資每月工作能領到八成工資就可養活一家大小六人之家族應無問題，因此當時之工人對廠東之想法是你給我工作，使我能養活全家，其感謝之情在現今社會是無法體認了。

尚有一點就是工作機會比較少，社會供需平衡原則供多於需之影響亦很大，上面所述係日據末期前之動態，至日本投降大約二年前開始，因日本政府發動大量之軍事施設，勞工需要量激增時日本政府就命令保甲聯合會等御用機關，組織勞務奉公隊等組織來義務勞動，或發給象徵性工資強制驅趕一般人民爲之工作，若不習慣作粗之人民一定要雇工代替其出工，其工資多寡不一由雇傭雙方議定，此一時節應屬非常動態至光復台灣住民才被開放。

光復後各大城市被盟軍大量空炸損失慘重，因此都急速整理交通、排水、給水等修復直接有關民生有關之小型工程外，一般住民都忙碌整理家園，但因三十五年末至三十七年間之惡性通貨膨脹，使台灣經濟破產其間承攬工程之台灣之一般老營造廠都無法適應那種社會經濟動態而陸續關閉。此一時節之工資亂的無法記載，筆者在竹東頭前溪堤防工程之工地工人在吃便當時向筆者說「我今天之工資未知能得買到明天之中餐便當之資否？」使筆者一直無法忘記那個時候之困苦情形。

至三十八年六月政府改革貨幣，將舊台幣肆萬元兌換新台幣壹元，於同年十月二十九日決定台灣地區之貨幣流通與大陸之銀元券之兌換停止以後，一切經濟才安定，工資亦隨之安定，在三十九年筆者在建造公路局之平林橋新建工程時之技術模板工資是新台幣陸元，男粗工伍元，女小工參點伍元，這種收入在那個時候也大約可養活一家人口，但這個時候之工人都是副業性質，專業性之工人比較少，因此農忙期與農閒期之出工人數都會變動，但是農忙期要到時，工人會自動先行向我們商量他們輪流請假之時間表，以免影響我們之工作進度，此種融合祥和之雇傭關係在現在之社會又很難看到之稀有關係了。

前段筆者既將最低基本工資之主要定位要素列明，但營建工程勞工之工資定位最大之因素仍在家庭支出之多寡才是絕對主因，因此營造工資仍隨生活費用之標準隨貨幣之貶值徐徐抬高，其間雖有數次發生勞動力之過剩動態及不足動態，均由政府積極疏散，將過剩勞動力移用於開闢橫貫公路等公共工程，如四十七年發生於中部之嚴重水災，各河川之堤防需短期間大量修復時，政府就發動軍工代民迅速修復造福鄉里一時傳爲佳話，而其最大功能乃將不足勞動力消滅於無形使工資安定在生活費用範圍內，而台灣之經濟一直飛躍，台灣經濟奇蹟由世界稱讚時，於七十六年起台灣營建工資始發生嚴重之變化。

是因爲房價之飆漲使全省之房地產工程大量推出，致使營建工人大量欠缺，但是股票市場之景氣亦是原因之一，曾有某一工人對筆者說「我在工地忙碌一天，較輸我到證券公司站一小時」因之不來上工，因此工資暴漲大約一倍，因收入超過生活必須費用範圍，致使工人之上工率下降，如此惡性循環因而發生嚴重之怠工動態，否則筆者前段所說，二年貯蓄一〇〇萬來購買房屋應無問題，而臨時勞動人員都能購買房屋，台灣地區是否就沒有貧窮之家庭了。

爲北海岸風景特定區金山鄉雲台樂園遊憩區及旅館區之開發檢討

戴錦秀

自將前八十年開始發動之我國經濟建設六年計劃，其總投資額號稱新台幣八兆貳仟億元，其內容包括運輸、交通、住宅、醫療、教育等十四部門，七七四項計劃案均經由政府積極進行中，而且政府擬在八十六年間將全國人民年平均所得額提高至壹萬肆仟美金，依既開發國家之姿態堂堂進入廿一世紀之世界舞台爲目標而推行一切政策，在政府如此積極推行建設，致因國民所得亦日益增加，使一般大衆在過著富裕之物質生活外，同時逐漸意識到休閒活動之重要，因而國民旅遊之風氣亦愈來愈旺盛，然因島內遊憩設施之不足及不善致無法留住國人自己在國內之觀光興趣，都出國往外跑之現況動態，因此誘致外國遊客至台灣來觀光之可能亦愈來愈有困難。

因此政府在推行六年之國建計劃裡企劃觀光部門十六項目以便改善全島內之一切觀光資源，而行政院編列預算貳佰捌拾億元，預定包含民間投資額共計壹仟貳佰億元爲目標進行觀光施設。如前些時候行政院發表在台中縣后里鄉緊臨高速公路泰安休息站之經濟部台糖農地，企劃爲具有中國色彩爲主題之大型育樂區，分爲三期十三年共計擬建築休閒旅館壹仟伍佰間房間、開發水上樂園、電影城、國際村、或露營區等面積約壹佰九十八公頃，行政院強調政府在配合措施方面編列預算興建相關之公共設施、交通、水電、道路等配合設施，以提高民間之投資意願，如糖業公司提供土地等優惠條件來誘引民間之投資興趣，擬以民間投資額壹佰柒拾億元爲目標徵求國內外企業或法人機構參與競標開發等甚爲積極，可見政府對觀光事業之建設意向很強。

在政府所規劃之十六項觀光計劃中，東北角海岸風景特區仍爲其中大型計劃之一，本區位於台灣最北端之富貴角爲中心，東由萬里都市計劃東界起，西至三芝鄉與淡水鎭之鄉鎭界，北起之海岸線深線廿公尺之地界，陸域面積計約六、〇八五公頃，海域面積約四、四一五公頃，合計總面積一〇、五〇〇公頃，區內主要遊憩據點爲野柳、翡翠灣、金山、雲台樂園、石海岸、十八王公廟、石門洞、老梅、白沙灣、沙崙等處，而主要景觀遊憩資源爲海蝕洞、風稜石、波蝕棚、巨礫灘、海景、岩石奇觀。因此政府自前年起就編列預算陸續整修擴寬北海岸觀光道路，計劃擬建築休閒旅館三間，海岸遊憩所貳處，海濱公園壹處等建設並既在陸續執行施工中。

而本公司關係企業裕昌建築開發股份有限公司；持有之面積伍萬捌仟餘坪之山坡地雲台樂園遊憩區及旅館區即屬於本風景特區內，位於金山鄉市街西側約一公里，面臨北海，早上可觀日東昇之晨曦，黃昏可觀日落西海之晚霞，眺望絕佳，且位處稍微遠離海岸，立地條件頗具優越，而且沿省路台二線即濱海觀光公路，俯瞰金山海濱全景與濱海植物園僅四百公尺之距離。若建造壹座纜車與之連環成爲一體時，即本遊憩區及旅館區可直接與海岸遊憩區相連，成立一連串之遊憩休閒運動勝地相輔相成造成氣勢。

金山濱海植物園爲一臨海而平緩之沙灘地，其西側區外有一磺溪之支流西勢溪，流經植物園西南側邊界，並於其南側注入磺溪出海，而本園區具有海灣、海域、金黃色之細沙遼闊之海灘及海濱植物等景觀遊憩資源與金山海水浴場及救國團所經營之金山青年活動中心相鄰接，是弄潮、戲水、水上活動最佳之地點，而且緊接鄰三面臨海之獅子頭山之金山海濱公園均爲政府積極開發之地方。而本公園俗稱金山半島，公園內寧靜幽雅、蒔花植木、碧草如茵、風景宜人，而且遍地老松，蒼勁挺拔、松下聽濤、觀賞燭台嶼仍是一處愜意之休閒去處。

因此提供遊客從事海釣、海水浴、健行、野營、觀賞風景、水上活動等提昇遊客有良好品質之休閒遊憩活動空間。而且金山溫泉之溫泉水質是全省次於廬山溫泉之優良溫泉，若將這一溫泉設法導入本區內，將本地段規劃成本省北海岸最優美之休閒活動及觀光據點應爲筆者希望所在。

回顧我們台灣之觀光資源，最初是以日本人爲主要客源，將北投、礁溪、四重溪、知本等溫泉鄉規劃爲男人之天國，吸引不少日本人遊覽客，隨即遭我國之公娼廢止而式微。再而以中華料理及故宮博物館之文物爲號召，進而以太魯閣風光、墾丁熱帶原始林風光、阿里山觀日出等將三大國家公園之景觀來吸引世界各國之遊客。但據觀光局之統計表示，近兩年來之外國觀光客逐漸減少，既不能以靠過去之觀光資源來吸引遊客應改變政策，不單靠景觀應將觀光據點改善爲良好之環境及設置休閒運動場爲台灣遊覽觀光之主要商品，即高爾夫球場等休閒運動、海岸遊憩活動場所、遊艇停泊場地、戲水弄潮運動場所之設置等等，前述中國色彩爲主題之大型育樂區域之設施等將本省之觀光商品改善爲休閒活動爲主體之觀光育樂場所，不只吸引國內老、壯、青、少各年齡層之休閒活動遊客，進而亦可吸引國外休閒活動遊客，因而應先整備休閒活動場所及所附帶之一切宿泊餐廳設施。

去年本刊第八期筆者曾在「本區內興建高齡者集合住宅之我見」一文，擬在本區內興建銀髮族安養旅館，造福老年人有良善之居住環境之構想，但經我友張勝政建築師之指正，謂將老年人安養在風光明媚之風景區內似如很理想，但老人們離開都市在那幽靜環境過活，雖對身體健康有很好之效果，但因心理方面恐過於寂寞而無人問津，經過數位老年人之意向調查，都傾向市區內比較被接受喜歡之訊息後，就將本區段之評估設計規劃，懇請張建築師及亞聯工程顧問股份有限公司共同評估規劃。

經他們半年來之收集資料將本區段之一切開發潛力以遊憩休閒活動爲主軸之發展背景來評估，以自然環境、人口及產業之分佈及土地使用之現況、天氣之屬性、交通運輸現況、觀光遊憩資源之分佈動態等，及以相關法規之適用問題等詳細情況，細密評估結果而建議：一、興建高品質之大型綜合旅館之綜合式渡假中心。二、建設低機械式知性遊樂設施加建大型旅館之綜合式渡假中心。三、建設低機械式知性遊樂設施加建別墅小屋之綜合式渡假中心等三種方式，比較適合此段山坡地之開發之「工作報告書」前來。

因這次是第一階段——遊憩區發展背景之分析報告——書內既詳細分析各項開發型態之優缺點及將來之發展動向，都一併列舉說明在案。而筆者細讀後傾向第一項業務，但須接洽而能加入休閒旅館業之世界大型高級旅館業之連鎖店為要件。再次是第二、三項業務。因此就將此項決定通知張建築師進行第二階段之實際計劃內容及資金調度計劃細節，待第二階段之實際施工計劃書完成時擬再次報導。

銀髮族安養旅館

——爲北海岸風景特區旅館區區域內興建高齡者集合住宅之我見

戴錦秀

本刊七十九年十月筆者在人生七十感言第一篇關於安樂死與尊嚴死一文中，曾謂我們的社會將一年比一年逐漸進入所謂「老齡化社會」，而且將是多層結構化的老人社會。因此老人化社會所存在的危機，筆者據日本報紙所載的一篇老人化社會的悲劇報導轉述說明，但由於在近代醫學與衛生技術日趨精密發達的現今社會，我們人類之平均壽命，不管老人化社會所帶來的一切危機會如何嚴重，老年壽命年年增長，高齡人口之比率逐年增加。因此筆者爲配合高齡者安養的需求，使高齡者得融入現代社會，能快樂生活，並配合社會福祉施策，爲高齡者考慮適合的集合住宅。

在如何能使高齡者才能快樂生活這一問題，筆者擬引用「老人安養機構專業化的實際做法」之作者張秀卿小姐在其論文中所論轉述之，張小姐將馬士樓之「人類需求」以層次來說明；第一層次爲生理需求，第二層次爲安全需求，第三層次爲關愛需求，第四層次爲自尊需求，第五層次爲自我實現需求。並謂馬士樓告訴我們，人類之需求是從第一個層次逐步往第二層、第三層上升，也就是說人類是最先追求溫飽以維持生命；再來就是自尊（被大衆視爲有價值的人而被尊重）的需求；最後要追求被關愛及歸屬感的需求，如果能發展到最高的自我實現層次，人們一定會生活得很快樂、充實而感到滿足。

依照以上論述，我們必需要設計一套使每一位住客都能獲得快樂之滿足感的高齡者集合住宅，必須將高齡者之心理情形、社會背景、醫理健康動態、經濟能力等多種領域來研究規劃，雖然筆者之構想仍係純粹之商業行爲而不是慈善事業，且以健康之高齡者爲對象，但亦應理解入居高齡者之需要，而必須訓練一批有愛心有共同信念、同心協力對做好老人服務工作有信條之人、以服務老人爲榮、以解決老年人於辛勞貢獻一生之後能安養天年，應獲得應有之尊重與回饋之信條之人、來服務或看護或陪伴等服務人員；使高齡者得享受居家的安定感，使進住本集合住宅的老人家屬，能無後顧之憂而專心其事業，在此一構想下，筆者一直想興建一座旅館化的高齡者集合住宅。因爲國內老人的所得大幅提高，老人也愈來愈重視其本身的居住休閒問題，如何能在其退休以後尚能快樂生活，且有意義地來渡過餘生，爲高齡者解決各項老人問題，應爲高齡者集合住宅興建之重大目的。

現在社會上之一般動態是子女結婚後，大都喜歡過著小家庭生活，大部份不太喜歡與年老的父母同住，這是一般社會風氣，有的是工作忙碌無暇陪侍父母，有的是出國移民需長期遠離父母無法照顧父母，現在社會如上面所述情形比比皆是。在如此社會現實的需要下，且當台灣錢淹腳目工商發達之台灣社會，實在很悲哀。我們可發現這是個普遍嫌惡以勞力來換錢的勞工工作時代，因此要雇佣人或專門服侍老人的佣人甚難找到，即使有人應徵也常常做不多時即辭職離開，很難有長久供職的意願。

因此，建一所旅館化的高齡者集合住宅，而且這一住宅應考慮建設森林浴散步遊樂區、花圃採種區、蔬菜農業體驗區等設施，以利老年人陶情養性之場地，並且施設康樂室、交誼廳、以充實老年人之休閒康樂活動，演講廳、會客室之設置，邀請專家學者前來做專題演講，使老人增進新知、增加學習意願，或設置佛堂、教堂等使高齡者之精神信仰有所寄託、施設健身房使高齡者亦有健身運動之場地，而且在每層樓房都設置服務部，安置陪侍看護人員，使老人能過著舒適快樂的日常生活。

在此一構想之下建一棟二〇〇間單位之房間數之大樓，假定每一單位包含公共設施爲十六坪時，共計需建築三、二〇〇坪地版數之大樓，若按北海岸風景特區旅館區建蔽率百分之三十，而容積率爲百分之九十之規定，即基地需三、二〇〇坪／〇·九＝三、五六〇坪而三、二〇〇建坪分爲地下一層、地上十二層，即每層三、二〇〇／十三＝二四六建坪，因此空地應有三、五六〇坪，扣除二四六坪尚有三、三一四坪可作爲前面所提之戶外設施場地，而且金山溫泉之溫泉水質，據台灣省旅遊事業管理局列爲全島僅次於廬山溫泉之第二優良溫泉，而能將這一溫泉導入本社區即此一高齡者集合住宅之老人休閒中心，即銀髮族之安養旅社，可稱得上是高齡者之健康療養之休閒聖地。

在此一理念之下所設計之大樓，其建築規格應考量適合老人之行動標準來設計，其功能應先考慮老年人之安全，其次再考慮生活活動之理想化，如理髮廳、郵局之設置，洗衣部、餐廳或日用品之販賣店、咖啡廳、茶藝館之設置等都應多方考慮，其經營方式擬以會員證之方式將二〇〇單位房間招募二〇〇個會員，即每個房間均歸屬於每個會員所專用，會員證得能自由買賣，入住費用即使用費及服務費、餐費，均依實際開支收取。

本文所稱高齡者或老人之定義，筆者之意思是按照我們社會傳統標準還曆之年六十歲而言，因為人類是在六十歲開始就逐年老化衰退與我國老人福利法第三條滿七十歲之規定無關，而且筆者所擬建之高齡者集合住宅之入居對象係活動力尚且堅強之退休健康老人，或尚能行動之慢性病患、須修身養性之高齡者，進住本大樓後受到服務人員的熱忱照顧，享受物質、精神、健康三者並重的生活，使入居者感到快樂與滿足，做為子女的人知道長輩過著愉快的生活也會感到無限的安慰，每逢假期一家大小一面郊遊，一面探望，來此吸入海邊清爽之空氣增進健康，亦可使孝親之風氣提升，一舉數得何樂而不為呢！

此一構想是否合適妥當，敬請各位專家不吝來信指教甚幸。

東施效顰——談建築容積率之施行及土地政策之修改意見

戴錦秀

在臺灣實施容積率這一規定，筆者一直認爲與「東施效顰」的故事相似，而感覺不應該，因爲台灣地少人衆，實在應先考慮建地之取得非常困難，這一事實應是衆人皆知之事情，然而因何政府會將原來我們所推行之建蔽率這一政策改爲容積率這一政策呢？因爲建蔽率之土地利用率高於容積率因此「容積管制地區」之地價比較「無容積管制地區」之地價便宜，爲政者及一般大衆誤以爲如此就抑制地價之飆漲，筆者之看法不是如此，因爲地價是土地利用之價值如何之一種標價，土地利用價值下降當然地價就不高，此爲社會上供需平衡上之當然現象，在台灣如此地少人衆之島上推行此一政策是錯誤政策，而一般社會人士將地價飆漲，歸罪於建築業者之抄作，而一直埋怨建築業者，應屬冤枉。

筆者在本刊第六期說在民國二十二年曾研究台灣居住人口之適當數據，而據當時之調查研究結果顯示：「根據當時所能掌握之台灣立地條件和生活環境，推定台灣島上之最適居住飽和人口量應爲壹仟萬人，如果超過此項人口上限，則應將所超出之人口量外移，以使台灣本島之生活環境，不至於因而受到嚴重之破壞，而保持在良好的狀態。」

這一結論及根據此一結論而推行之台灣本島之生活環境的改進方案，卻因第二次世界大戰之灼熱，而當時之日本政府既無改善內政之理想能力而中斷。進而因台灣之回歸祖國，而不了了之。繼之大陸淪陷，以致大量戰爭難民之湧入，致使居住人口之膨脹，並不是以往之自然增加速度增加，而是因外來人口之輸入致以倍增方式急速膨脹，因而有老總統蔣公之禁止大陸人口之遷入及蔣夢麟先生之人口節育生產政策之提倡，而使台灣人口之增加率穩定在百分之二以下，現在大約在一・二%左右。但假定以百分之一・二之人口增加率來推算，台灣人口在進入二十一世紀之民國九十年時，人口應在貳千參佰貳拾萬人，五十年後則爲肆仟萬人。

因此，在土地不會增加的環境下，而人口一直依等比級數方式增加之台灣地區之土地政策，應如何來適應規劃？這個土地應高度利用之趨勢，實不需筆者說明，應爲有識之士大家很明瞭之事實。然而，政府主管建築機關之首長們一直東施效顰，引進外國之建築法令，將建築容積率這一條法律應用於台灣這一個小島，使土地無法高度利用，與實際需要背道而馳。

大家都知道美國之土地廣闊，應爲世界第一，其國土面積爲九百三十七萬二千六百平方公里，而人口僅二億四千八百八十萬；而台灣之面積三萬六千平方公里，人口二千零六十萬人，則美國居住密度爲二六・五人／一平方公里，而台灣爲五七二人／一平方公里，那麼台灣之原居住密度爲美國之二一・六倍。這一事實應不得不考慮，然政府竟一意模仿外國。

現在以我們之都市計畫定期通盤檢討實施辦法之標準來計算，建蔽率與容積率之實際比較，則假定民國九十年台灣居住人口爲二千三百二十萬人時，按照我們之計劃標準，每一人之居住樓板面積爲三十平方公尺，即其時之台灣所需之住宅樓板面積應爲 23,200,000 人× $30m^2$ ＝ $696,000,000m^2$，若要此一數字之建築用地，依建蔽率百分之六十計算，而全部平階時即需 $696,000,000m^2 \div 0.6 = 1,160,000,000m^2$ 之建築用地，假使全部改建十二層樓（現建築法最高 33 公尺之限度內）時 $696,000,000 \div \{0.6 - (0.02 \times 7)\} \div 12 \doteqdot 126,087,000m^2$ 若採用容積率即 $696,000,000m^2 \div 400 / 100 = 174,000,000m^2$（依住四之標準計算），由此可見，採用建蔽率比採用容積率節用建築用地百分之三十八，在台灣如此微小之土地上，能節約百分之三十八之建築用地，應是大事情。

但據報導，內政部營建署變本加厲，擬將以往不計入容積率計算在內之地下室之建築面積，亦納入容積率內計算，且將取消「容積管制地區」及「無容積管制地區」，而且不分都市或鄉鎮，一律推行容積率政策，其所持理由，據報導是以環境保護、都市計劃及交通問題爲依據，且請一部份學者以保護生態及生活品質之改善等理由爲其背書，而勢在必行等等。

筆者曾於本刊第六期之壹個地球杞人憂天之小文中，說明環境保護之重要性（請讀者參考一讀），但保護生態、保護環境與建築用地採用建蔽率或容積率，並無絕對之聯貫性。至於生活品質之改善係教育與文化層次之提升問題，筆者學淺，想不出與採用建蔽率及容積率有任何瓜葛，但只有一點應考慮，即交通之擁擠問題與此二率有發生某種程度之關聯理由，即採用建蔽率爲高密度之開發，因此大樓密集即住民多，因而車輛多，因而發生擁擠問題。

但此一問題，我們之都市計劃法既有相當之限制，即高度限制及法定停車位之規定，如果按照法律之規定來施行政策，盡量抑制特別許可之超高建築之許可規定時，應不會發生任何擁擠問題。即問題出在違法使用之執行問題上，因爲公務員不執法而所發生之一切病態，公務員本身不敢承認，因而尋覓並無關連之理由來搪塞而已。

筆者對於交通擁擠之問題，有一個想法，即道路爲交通而建設，因此只准通行，不可停滯，將路邊停車一律禁止，除停在法定停車場以外絕對禁絕。騎樓亦只准行人通行，且禁止一切商品之排攤或機車之停排。且一切騎樓均要打通，不得有違章之阻塞行爲，而且，每個十字路口之交通指揮亦嚴格執行時，筆者不相信交通會發生如此混亂之狀態。

綜上所述，筆者是贊成施行建蔽率，而取消容積率之規定，盡量發展高空及地下之發展，來爭取補足台灣之土地不足之先天條件。

土地政策之好壞，影響國民之幸福甚大，我們之耕者有其田政策及三七五減租條例，將全島島民之財產權益強力重新分配，致昔日之中、小地主變成今天之無產階級，將昔日之佃農變成今日之大富翁，依筆者親歷其境之感覺，先前之不完全完美之政策，亦已完成四十年，雖不完美，但尚可滿意之溫和改革，既令全世界稱讚爲範本。雖然如此，但筆者必須舉一例來證明此一政策並不完美之證明：筆者之朋友供職於某局工程師，因他家本來有三甲餘地水田放租給佃農耕作，而他本身亦前往日本留學，爲留日歸來之知識階級之工程師公務員，因本身不耕作，依法其持有耕地應放領給佃農，而他也依法收政府之四大公司之股票及十年期間之糧穀券，但不出五年，因通貨膨脹而股票亦已出售食空，十年後，糧穀券食完，其人就變爲只領薪水之一介公務員而已。但家中添丁人衆，不得已夜間就開計程車賺一點額外收入來貼補家用，有一天晚上，有一乘客帶二個非常貌美之酒女乘坐他之計程車，一看就是他佃農之兒子，因受放領之德政及都市發展之影響，他之耕地變爲建地，其價值既爲放領時之幾萬倍，成爲大富翁。據這位朋友說，他當時看到他戲弄二位酒家女之醜行，想將車子開到河裡去之衝動，差一點無法控制。

依上面的例子來證明土地之變更用途，對地主是非常有利，是利益之絕對要件，因此土地要變更用途必須課變更用途稅，此稅比課增值稅來的比較實際且有用。地價之飆漲對政府來說是一種很好的現象，政府雖口頭說要抑制地價之上漲，但實際做法是引伸土地上漲之元兇，因地價之上漲是政府收入之最好金庫，因此，每年之公告地價之提高公告，及政府現擬改爲每半年一次更改公告地價之議，均爲此一政策之表現。不但如此，前段所說之容積率之推行，是建築用地之擴張政策，實在全不考慮台灣之地少，不能一直因人口之增加，建築用地之需要就無限量地擴張建築用地之政策，藉詞謂保護環境，及以考慮生態及生活品質之改善等，均爲騙人之口號而已。依筆者之觀點言之，是編一些美好藉詞，來騙不知土地政策之行政首長及社會大衆之一種藉詞而已。

因此，我們現在之政策是「地價飆高國庫賺錢之商業式土地政策」，而我們之國會代言人，仍有一部份人，乘坐此一政策而獲得其利者，大有人在。若再進一步，有些特權階級人員勾結政府內之不肖人員，來抄作此一土地政策及住宅政策，即這種世界各國都非常頭痛，而無法完美處理之土地及住宅問題，無論那一國都將這兩個問題拿來做爲獲利手段，這是金權政治之最好途徑。

寫到這裡，筆者想起我們之都市計劃法之涵意及定義，即第一條：爲改善居民生活環境，並促進市、鎮、鄉、街有計畫之均衡發展，特制定本法。第三條：本法所稱之都市計劃，係指在一定地區內有關都市生活之經濟、交通、衛生、保安、國防、文教、康樂等重要設施，作有計劃之發展，並對土地使用作合理之規劃而言。就這二條法之用意來研究時，都市計劃學者必需要通達全國金融、經濟事務、交通建設規劃之專家，而且透晰環境保護、衛生推行者，對國家之安全守護有研究之軍事專家，對文化建設、康樂遊憩有心得，對土地之使用規劃有全國性之眼光之通才人士，才能擔當，即經濟學家乎、技術家乎、軍事專家乎、警察人員乎、土地改革者乎，難以列舉。因此設置都市計劃委員會，網羅這些學者專家，一起研究決定都市計劃，是否如此做法，筆者不當其位、不知其作爲。

我們再次將前面之例來討論，我們四十年前所施行之土地改革，最先要討論之一爲舊地主因不自耕，因此，雖不願意，但其耕地應放領給佃農。是法之規定，且其目的爲使耕者有其田，是政府將人民之財產權重新分配，以使之平均之德政。然因都市發達、社會變遷，其地應不是耕地時，其目的既消失，即使用目的不同時，被徵收之舊地主是否有收回之權利，前次是政府界在中間放領，所以這次亦應由政府界在中間再次收回處理。其處理之方法，應採取按照土地所有沿革來研究舊地主之收回權利範圍，即無論新地主及舊地主均不得超過土地法之個人所有土地面積之上限，剩下來之土地一律出售給無地之一般國民，使達到居者有其屋之良好境界，若能配合國民住宅之政策來策劃，即國民住宅之取得用地困難之問題迎刃而解。

以上意見爲筆者個人見解，因土地之自由買賣及強制徵收放領，應有所區別之必要，因而必須研究土地所有沿革來研究舊地主之收回權利。要推行這一政策，必須考慮都市計劃施行範圍之這一個界限，因前次改革放領時，範圍內不放領，範圍外就放領，因此，都市計劃之施行範圍要變更擴張時，其被圈入之新都市計劃範圍內之土地必須遵照前面這一規定，即我們社會之均富政策是不是就接近了嗎？

其次，我們來談山坡地之開發這個問題，山坡地之定義爲地之自然坡度爲百分之五以上之土地稱爲山坡地，即山麓就是山坡地，因山坡地之開發，政府有一套管理辦法，而人民要開發，就按法之規定申請許可投資來開發。在民國四十八、九年間（那個時候尚無山坡地開發管理辦法），王永慶先生要建設明志工專於泰山鄉山麓，王先生就購買現在之明志工專這一塊校地，是標準之山坡地，其時之地價爲每甲約十萬元左右，同一時期，輔仁大學也正在其山下水田平地，購買三十甲地在建校，聽說是每甲約二十餘萬元，因王先生聘我代其規劃校地之道路及校舍之配置計劃及整地等工程之施工計劃，因道路及排水溝之新設及開山整地之費用，加上因基地內有相當數量之墓園需遷移等麻煩兼費用甚貴，而致筆者對王先生說：

「我們整理這一塊校地之每坪成本比輔仁大學之那塊校地之成本貴，所以應購買平地水田來建校比較合算。」但是，王先生對我說：「我們這一塊整理起來，雖比輔仁大學貴，但以國家全體立場來評估時，我們是將一塊無用之閑地，改善爲有用之校地；輔仁那一塊是將可耕作之有用田地，變爲無可收成之無用校地，所以依國家之立場來評估時，我們雖花一筆相當大之資金來改良這一塊地，比占農地來建校好。」以後王先生建設保長坑之新茂木業工廠用地及汐止之貯木用地均購買閑置山坡地及溜池等地來改良使用。

山坡地之開發使用按平常之一般標準，則開發後之可建用地大約五成至六成之間，若按規定需留學校用地時，可得五成就很好，山坡地之開發是商業行爲，要投資一筆很大的資金，才能成功。如台北小城之建設，其前手之香港財團因賠本，不能維持，才出賣給現在之建設業主；黎明清境之前手眞善美集團亦同樣賠本，始轉手給現在之建設業主。再如汐止之某山莊，於民國七十七年間，將建設工程全部轉讓給我們施工爲條件，而向我們借款，而在破產邊緣，因一直無法領到開發許可證，後來轉讓給現在的建設業主，始覓到一條生機。最明顯之例爲台北華城之建設，因要到台北華城的那一條大路，因道路用地及建造施工費就花去幾拾億，時間亦用去數年，若不是國產汽車這等財團來施工建設，筆者想早就賠本不知去向了。

筆者有一位林姓朋友在近郊購買一塊山坡地九十餘公頃，想要開發，他就先行自主要交通道路通往到他擬開發之山坡地之一條四、五公尺幅員之山間道路，將之擴寬爲八公尺道路，他就拜託沿道地主出售沿道土地，一面收買一面擴寬施工，逢屋即拆除重建新屋賠償等優渥條件，開闢一條公路至其基地，總共花費貳億餘元，以換算坪數計算是每坪約壹千元，林先生說花費貳億餘元建設公路，因無許可，被縣府處罰罰金，且至今三年，尚無法取得開發許可證，是最遺憾之事。若資金短欠，就要破產了。

筆者舉這幾個例，是爲證明山坡地之開發是商業行爲，開發者是將原料即土地素地購入加工建設，改良爲商品即可建用地之後附加利潤出售賺錢，若不能賺錢，即如此種大資金之冒險建設事業是無人敢經營；在可建用地上建築房屋出售，則二次加工出售之商品，其價額應符合一般社會之通常價値，始有人購買，否則無人要買，則房屋建設公司一定會立即關門。建築主管機關，若准其申請開發，若一切合法律要件，卻挑難不准，是使人難解之事情。我們都知道每一件開發案之核准，就是同時圖利商人之行爲，這是商業行爲，因此乃是免不了的事情。但合法之圖利商人若其間不夾雜貪念，是法所許可。若爲政者在許可這一關貪圖自己利益，百般挑難，以能達其目的始准發照，這一念之差就是金權政治可怕之所在。這一關變成民意代表收集政治資金之來源，因此而所發生之一切經費是計入成本，而轉由消費者即購屋者來承受，這是很不公平的事情。

本稿原來是到這裡爲止，但因近日來報上相當踴躍談論「不動產證券化」問題，且大多數學者都將此一政策之施行是因政府要開發新市鎮，必需要用大規模且長期性之開發建設經費，在政府資金有限之情況下，將開發資金靠發行證券或股票來集資，開放社會大衆來認股使利益由持股人來共享之構想。但若按筆者構想，新市鎮之開發或舊市鎮之更新，應依都市計劃法第五十八條之規定辦理土地重劃，雖需一筆膨大之資金來運用調配，但事業完成後之一切公共設施費用均可由「替費地」之出售來償還，實不需政府花費一釐一毛錢就可以順利完成事業，筆者不知道政府爲何放棄現有之完整政令，良好之事業方式不用。

如前段所言政府以「地價飆高、國庫賺錢之商業式土地政策」將土地商品化，將土地應爲生產及建築需求要件之本質改變爲商品證券，滅殺人民持有土地之愛鄉土心情，進而滅殺愛國家精神，這對我們社會是否會發生嚴重之影響，實在請爲政者參思而行是爲筆者之所望也。

東施效顰——莊子天運：「西施病心而矉（顰）其里，其里之醜人，見而美之，歸亦奉心而矉其里。」疏：西施，越之美女也，貌極妍麗，既病心痛，嚬眉苦之，而端正之人，體多宜便，因其嚬蹙，更益其美，是以閭里見之，彌加愛重，鄰里醜人，見而學之，不病強嚬，倍增其陋。

筆者前月滿七十，心身都是老人，因此這篇小文係老人痴語，若有損傷大方之士敬請指教。

「阿山仔」偷渡來台之處理辦法之私見

戴錦秀

從過去的史料研究漢民族之來台及定住問題，因筆者並不是歷史學家，因而無從詳細談論其來龍去脈，但從先人所留下來之野史文獻及筆者七十年來之深刻體會感覺，因台澎地區處在中國大陸東南方之一連串列島之中央扼住大陸沿海一帶之扇眼位置，因之爲大陸沿海漁民討海生活之海外避難所且亦爲海盜一類之絕好根據地，因此之故在澎湖及台島西海岸一帶始有漢民族之入墾，據說在漢朝就有其足跡，在隋唐就有文載、最近發生糾紛淡水河口之十三行址古蹟，施工所挖掘出土之古錢貨幣證明在唐朝時代就有經濟活動且不是貨換貨之原始經濟活動而係貨幣賣買之商業經濟活動，並不是單純之入墾，而有兩岸交通之繁榮發展之動態。入墾之漢民族初與原住民混合居住，而將西海岸開墾發展經營至頗有相當程度之經濟價值以後，始引來西洋海盜國家之窺視，如荷蘭之入侵台南安平創建赤崁城及西班牙之入侵淡水建立橋頭堡紅毛城之建造等，可連想到當時既有相當數量之漢民族在此地定居開墾荒地建立家園建設城市經濟商業亦頗有成就。而此一時段以前來台之大陸漢民族，可能爲逃兵亂或在家鄉無法立足之一些原因，如貧窮或犯法等等，至顏思齊或鄭芝龍等輩翻居此地時……據說現在北港、麥寮一帶……時期係屬海盜家眷之拓墾爲主，而受雇前來開墾之貧窮百姓應屬少數，應屬海盜之屯田意味存在，至鄭成功驅走荷蘭人正式將台灣規劃爲抗清復明基地以後，積極將福建沿海住民大量移殖至台灣。拳拳經營復興基地，此一時段來台之漢民族應爲純粹之屯田兵，因此家眷之移殖應不踴躍，但明鄭三十餘年之台灣經營雖以養兵蓄勢、伺機進攻大陸收復明朝河山爲最高目標因此爲加強軍事力量及操兵演練之需要逐將以兵力將原住民驅入山中，並在各隘口設置隘勇兵哨一方面增強兵力之訓練，另一方面來保護屯田兵之安全應可想像得到此一時段之台灣動態即最早與少數漢民族比較接近之平野原住民慢慢被同化，因此成爲平埔族而與漢民族一起依漢民族習俗生活，在比較靠山地帶居住之另一部份原住民因與漢民族之生活習俗不合而反抗致被驅入深山中，放棄農業生活方式逐漸改變爲狩獵生活，因此停留在西部平原生活之一切住民，在這一段經明鄭三代之保護及指導經營，其政治經濟及社會安定應得稱頗有成效，但卻因內訌而致發生施浪之反變，而爲反將施浪奉滿清之命所乘，致明鄭滅亡，而滿清據台，但自施浪收復台灣以後之島內住民則發生質變，即爲從前明鄭之屯兵政策變爲滿清之開墾荒地之殖民政策，此項變質應爲當時之時勢所造成，應爲不能變更之事實。而此一殖民政策之殖民亦因地理關係均爲福建沿海一帶之漢民族即閩南人之新天地，因此早期之台灣住民均爲閩南一帶之漢民族應爲地理使然，因爲殖民開墾之故其所需勞工亦非常龐大，不是當時台灣島內之勞工能所解決，均需仰賴大陸內地之勞工來接應施工並且定居等此一事實，應可想像得到之事項。因此大陸與台灣之交通應爲當時最爲重要之事項，且此一時段之海上交通均以木造帆船爲我們之唯一交通工具，以致交通安全應爲當時移民之最高目標，因此兩岸交通之最短距離之交通線，應爲當時來往人民之最愛，致西部台灣之各港口，如北部之淡水，中部之鹿港，南部之安平，應爲其中之翹楚，爲當時最繁榮之上陸地點，總而言之，船可靠岸之地點，則其鄰近邊緣地帶形成先行被開發開墾之地段，因此由北部之淡水、新莊、艋舺、板橋、大溪、舊港、中港、後龍，中部之大安、大甲、清水、鹿港、麥寮、北港、東石、布袋、鹽水，南部之左營、恒春等及其邊緣地帶之台灣西部海岸蓬勃發達，逐漸形成城市「一府二鹿三艋舺」即爲清末當時台灣繁榮之寫照，然因西部平原之開墾約略完成，且台灣之社會生活動態亦漸趨歸向大陸一般漢民族之生活方式，則先來之閩南人將容易開墾之西部平原開發成功後變爲大地主逐漸生活紊亂、好逸惡勞，在施浪收復台灣滿清領政台灣之二百餘年間滿清政府以三年一小亂，五年一大亂，視台灣爲化外之地，並無積極經營之意念，聽其自然，而由民間來推行發展，因此遠離平原之比較開墾困難之地段，則由平原地帶之地主或城市富商，向滿清政府申請開墾許可、出錢募工，來開墾高陵地帶之開墾事業，此一時段之殖民漢民族則屬大陸兩粵一帶之能克苦耐勞，天性勤勉之客家人，因此比閩南人慢來，並被雇用移來台灣從事開墾勞工之客家人現在分布在台灣之居住位置就一目了然台灣之開墾順序。

處在扇眼位置之台灣，在滿清政府之眼中爲化外之地，但在當時之世界大勢之西歐各國均在力圖擴張殖民地各國之眼中應爲扼住東亞之交通要點上，爲軍事基地之絕好重要位置，因此在東亞經明治維新之成功而開始抬頭之日本亦覽及於此先以陸軍中將西鄉從道謂牡丹社之原住民殺害漂流至台灣之琉球人民，謂爲日本人民被害爲由發兵討伐擬占領台灣，雖經滿清政府之抗議在不知滿清政府之軍事力量之強弱之時代，且大國滿清政府既肯賠不是亦發撫恤金之協議下而將事情擺平，至此，我國有識之士開始注意台灣地位之重要性，如劉銘傳等極力想開發台灣以符世界潮流，如台北之開府，台北至新竹之鐵道佈設，苗栗錦水之石油開礦、金瓜石、九份之金礦、煤礦開採等等甚爲賣力。

然滿清政府之腐敗，及積弱之深，無法挽回台灣澎湖等地淪落爲被日本侵占之命運，到此台灣住民遽然再次變質，則日本政府占領台灣後，以二年之期爲限，命令台灣住民若不回歸大陸，則應願意歸順其統治入籍日本國爲日本國民，此命一出一部份來台不久之台灣住民，或者高官富商，或在大陸尚留有根之一部份住民紛紛回歸大陸，然大部份台灣住民因在大陸家鄉並無家產，且在台灣亦既建立家園等等因素，似現在之南非共和國之白人一樣雖然家鄉在歐洲之各國，但若黑人接管政權，而請他們回歸各人之故鄉時，離鄉既久經過數代實已失去其家之根，無法回歸之實情一樣，因此在當時留在台灣之住民，並不是願與不願之問題，是爲現實所迫之問題，日本占領台澎有意將台灣經營爲日本國之南進基地及入侵中國大陸之橋頭堡利用台灣住民與大陸住民係同種同文同語言等之優越條件，利用台灣島民來推行其爲東亞霸主之馬前卒，因此極力將台灣島民，皇民化擬消滅台灣島民之民族思想，陸續移住日本人來台灣以混居之方式逐漸同化台灣島民之政策，在此一大原則之統治下，最先施行土地調查，大肆掠奪未被申報地主之土地割爲國有，發給有功之日人或日資會社，如大日本製糖或台灣拓殖等會社，或將開墾權利付給日資公司而利用台灣住民爲其勞動剝削等等施爲其領台五十年對於台灣島之開發，以教育最爲發達，交通衛生次之，但其教育目標如前述以同化島內漢民族（以下稱爲本島人）爲皇民化爲目的，且日本人之小學謂爲小學校，本島人之小學謂爲公學校，其校舍之結構亦歧視而不同，至中等教育則在制限本島人之入學人數在每班不得超過其事前之設限人數並以實業學校爲本島人之主要學校，大學即限制所學之科別爲理工醫學爲主等等差別待遇，因此使有識之士之反感而反抗，以致逐漸改變政策，設定「內台共學制」「內台共婚法」等規定籠絡部份醉心帝國主義之日式本島人士紳爲其利用，然因西潮之移入亦教導部份本島人之民族意識之抬頭，而嚮往大陸祖國之問題發生爲政者以侵略國壓迫殖民地人民之種種迫害之問題發生，以致日本領台五十年間，大小抗日事件，陸續發生，但日本軍部少壯派軍人得勢以後，日本本國之政治亦發生重大變化，軍部軍人獨占政治，其間發生第一次世界大戰，而日本亦以聯盟國地位獲得德國敗戰賠償利益，致日本軍閥之欲望膨脹，變本加厲直接入侵中國大陸占東北以爲滿洲國，占華北以便蠶食我們中華大陸，致而引發我國八年抗戰而引發第二次世界大戰，至日本戰敗始放棄占領台灣，其時台灣住民五百萬人中，日本人連同軍人一百餘萬人，而其餘之肆百萬人中之台灣住民，其中既改姓換名爲日本人姓名者不得其數，移居日本終極不想回台之本島人之數亦頗多，可知台灣住民之質變是何等之危機存在。幸而在日本之戰敗及台澎地區之回歸祖國而避免民族質變之重大危機。

民國三十四年八月十五日、日本昭和天皇親自透過無線電廣播，發佈無條件投降，向全世界宣告願接受波茨坦宣言，因此苛虐台灣島民（包含滿清二百五十年）計三世紀之異族統治終將結束，能回歸中華民族同胞之懷抱之這一刻之來臨，使台灣島民歡樂之情是筆者無法以筆墨所能形容，而中華民國政府隨即成立台澎地區，接收委員會及設立台灣省行政長官公署及警備司令部前進指揮所，並於是年十月二十五日在台北市公會堂即現今中山堂，接受日本軍政單位中國戰區台灣省之受降，而台灣正式回歸中華民國。

入主中原之清朝滿洲人與元朝之蒙古人，一樣以少數人入主多數人之國家，雖在侵略者之立場可在政治上攫奪被侵國度之一切經濟利益或制定保護入侵民族之優越條件來凌辱被侵略民族之一切權益，但因少數入侵多數是違反自然定律，入侵之少數民族逐漸失去原貌，除住在原住地之族民未被影響外，入侵之外族在中原均被自然同化為漢民族。同樣在日本統治台灣之五十年間，因日本人以征服者之姿態歧視本島人，且日本政府有系統的侵略方針，擬將本島住民皇民化為目的，然而另一方面即以入侵者之姿態壓迫被征服者，以致被壓迫居住在這個島上之本島住民，除甘為日本御用紳士之住民外，不管是那一族均同仇敵愾而團結在一起，然而團結在一起歡迎回歸祖國懷抱之台灣島民，經過僅僅一年四個月，於民國三十六年二月二十八日就發生台灣未曾有之大亂，即俗稱之「二二八事件」，因此一不幸事件之發生，致本省人及外省人之間發生嚴重之鴻溝，至今尚無法填平，「不」似已填平，但尚未完全治癒，因為時常被有心人士以省籍之問題來挑起住民間之感情，而使事情複雜而難以排解，這個結在那裡呢？……因光復當初之本島住民對於祖國之期望與以後所觀看之現實情況差異之大，使之感覺幻滅所致。

自八月十五日起，全體島民歡慶重歸祖國，而我國政府尚未派人來接收，至十月二十五日，我國政府正式就日本政府手中接回台灣、澎湖地區之國家行政主權這期間四十餘日，台灣地區應爲無政府之動態，雖然政府高層次人員頻頻來往，但基層尚無適當之指施，然台灣住民自發不計報酬自動爲地方服務、看守一切機關，使台灣治安井井有序，而一切機關財產大部份保持原有動態使其免爲被日人破壞，全體只有期待回歸祖國以後之理想美夢。

但是實際情形與理想美夢恰恰相反，一切日產均以敵產之名義全部加以沒收，收歸國有。理所當然，然是非收歸國有即大有問題，貪污公然盛行，工廠機器被拆去變賣，飛機變爲鋁鍋等家庭用品、變廢料廢鐵，加上惡性通貨膨脹，政府銀行濫發鈔票，本來生活雖苦但尚且平靜，卻因光復而變爲物價日日飛漲，奸商搜購台灣物資運到大陸大發其財，致台灣本島卻因而缺乏物質。

在日本據台之大戰末期，三餐尚可餬口，卻因而變爲要以「地瓜簽」充饑之動態，在如此實情，其時之台灣島民之心情實在難以形容，且在各機關之用人方面，雖保持日據時代之原有人員在原有機關職位，但日本人之原有高級職位差不多全爲大陸之空降人員代替，而其處事能力若公正公平、行政效力好，即尚可獲得人心，然實際上均爲最爲當時之台灣住民最痛恨之貪官污吏佔盡高位，而本來夜不掩門之良好治安，變爲盜賊橫行之社會，這樣政治比不上異族統治之開明，而苛捐雜稅多如牛毛之日本制度，一絲不變照單徵收，人民之參政權亦不見明顯之改善，物價變漲、生產日降、失業日增，在如此民不聊生時「星星之火，實可以燎原」。

原來僅是專賣局查緝員，因沒收私煙打傷老婦，與路見不平之群衆發生糾紛，查緝員處理不當而開槍威嚇致射殺旁觀者，使群衆更加憤怒，本來是一樁小小之個案，應不會發生重大事變之小事，然其時大陸正因「國共停戰會談」決裂，而共產黨全面發動內戰，致其派在台灣潛伏在台灣之其同黨或其同路人應當不少，此一批潛伏敵人，一看有機可乘則四處煽動造謠，以致一發不可收拾致蔓延全台。此一不幸事既發生，且亦迅速被壓，但被壓平靜以後所發生之逮捕無辜、槍殺人民之事實使一般島民無法了解，因實際有組織之潛伏敵人均有組織地撤離或逃之夭夭，而因想保持鄉土、保守社會秩序之本島熱血青年，可謂本島當時之菁英人士，均犧牲在如此無爲之事件上泰半，實際爲反彈腐敗政治，卻被扭曲爲本省人與外省人之鬥爭，實在有所失當。此事件近期內將由公正人士研究發表實際情形。以上所述爲筆者個人之見解，因從不同角度去看同一個事件，且在市井之一平凡人民所看到及所感覺到之事情，絕對是眞或有所失實，在所難免，但經過這一次事變之本島人，再次如過去被征服之人民一樣，沈默而不敢言論一切之政治批評。但因大陸沈陷致大量人民逃難來到台灣以後，在台灣之城市所可蓋住房屋之一切空地，或公共場所均被難民同胞蓋建違章建築變爲難民營，其逃難來台之外省人及隨國軍進駐台灣之軍人軍眷，其數應在三、四佰萬人，其中一部份工商業人士來台後與本省人之工商業人士相結合，經營工商業，台灣再一次變爲反共復國光復大陸之復興基地。

「阿山仔」偷渡來台之處理辦法之私見

戴錦秀

寫到這裡剛好聯合報刊登汪彝定先生之回憶錄之片段，其中對於二二八這個年代之前後有深切的見解，比喻找不到原始接收清册那一段，與宣統帝要清點宮內寶物，而太監趕快放火燒皇宮以消滅證據一幕並無兩樣。拿封條霸佔房屋一段，汪先生尚有保留，據筆者所知有人一次拿到十張封條，到處尋找自己滿意之房屋，封貼這幢房屋就算是他有占領權，事後有辦法之人就以敵產以很低價額承購，無辦法者就佔有承租，但是在無政府的那一段時間，報上天天刊登，若霸佔敵產要槍斃等等，使一慣守法之本島住民，大部份不敢佔有而保存原型，以致「漲死大膽犯法之徒，餓死無膽守法之人」，而使一般本島人感覺這種政府很不公平，且造成政府無信、無公權力可言，因此使本島住民失去信心，再有一段因禁止日文太匆忙，致本島住民與接收之大陸官員之語言溝通發生困難，致發生誤會或本島住民之生活感到不便等。關於點點滴滴累積發生事變乙節，筆者認爲這個理由並不是很大之問題，問題出在來接收之人員，懷挾著一份戰勝國人民的驕傲，不將強大公權力來拆除架設本島住民身上之日本帝國殖民地政策之枷鎖，反而變本加厲運用來榨取本島住民之經濟利益，這一點可爲二二八事件之關鍵理由所在，此爲筆者之所感也。

據筆者調查大陸同胞入墾台灣自元朝就有紀錄，在明朝時因防禦倭寇侵擾台灣，明朝就設置游兵專防於澎湖，駐兵基隆、淡水兩地，至顏思齊、鄭芝龍據現今北港等地，而明朝被滿清滅亡之初，鄭芝龍大遷移福建沿海災民入墾台灣，至其子鄭成功驅走荷蘭人，將台灣建立爲復明基地分軍屯墾，或招福建沿海漢人入墾，應爲數量最多之一次，及至清朝雍正十年准台灣居民接眷入台之紀錄及乾隆元年嚴禁大陸人民偷渡台灣之紀錄觀之，對於台灣住民與大陸住民之間，當時之清朝政府是採取限制人民自由來往措施，設置嚴厲之許可制度，且同時禁止攜帶家眷渡台之政策，使有意來台之大陸人民應申請許可才能渡台或者偷渡才能到台。台灣就是這些外來勞動力及土生勞動力結合才發展起來，如此情景與先總統蔣公將台灣定爲復興中華民國之復興基地，實施戒嚴禁止大陸人民自由入台並無兩樣。

現今大陸人民要來台，在兩岸人民條例未頒發之前，只有偷渡一條，然大陸人民亦係中華民國人民，只因他是居住在敵對政權之主權下生活之人民而已，只因他是另外一個政府下之住民就失去他在憲法上之自由居住權利，以大局觀之應爲違憲行爲，若使之自由來台居住，則台灣地小人衆立即引起人滿爲患，社會經濟立即崩壞應明如觀火之事情。筆者祖先來台既五代約二百年，在大陸已失去根而無親可探，因此自開放探親以來尚未違法探親而旅遊大陸，因此實際上之大陸生活環境如何實未可知，僅依電視上八千里路雲和月或其他大陸風俗風景之介紹而略知一二，然如此鳳毛麟角有如坐井觀天無法批評如何，但就以前所聽到的，出門要路條，食物要外食券、購物要購買證等等統制經濟做法，筆者在日據時代就領悟到家，在如此嚴格失去自由之大陸人民如何隨隨便便能偷渡到台灣，能偷渡到台之人應屬絕非泛泛之輩，他們在大陸之生活方式養成兇猛之心態，在發生數次之海上糾紛來看，在行爲上似如海盜，從前投奔自由之反共義士在獎金用完，即一變爲綁匪之類等等，其實際關鍵所在當局應有所警惕，大陸人民走私被我方軍警逮到，曾公然說他之貨品在大陸既繳稅，因之認爲不違法應屬於國內之小額海上貿易，偷渡即不論成功或失敗，因無罰則且有金門協議之安全保證，因之不生遏止效力，且大陸官方似有放縱他們偷渡之可疑形式，若將現在大陸人民之偷渡情形比較滿清時代之偷渡形狀，有如天淵之別，現將滿清時代之偷渡情形按照林立著台灣史話第24頁之記載摘自如下……清朝政府開始是採取限制人民自由來往於台灣與大陸間的政策，從大陸要去台灣的人必須領照才能赴台灣，同時禁止渡台者攜帶家眷，也禁止惠、潮一帶人民渡台，但赴台的人還是絡繹不絕，其中利用偷渡方式幾經艱辛才到達台灣，有的未到目的地就不幸喪生，他們花錢冒頂水手的姓名乘小漁船，三更半夜出海口轉上大船，到達台灣的海面再分乘小漁舟偷偷地上岸，這些大船有的是破舊的，一條船擠上數百人，船戶令偷渡者進入船艙後把艙蓋釘封，讓他們屈縮在艙中，其苦楚難以用言語形容，如遇風暴沈船無法逃生全部葬身魚腹，有時遇到沙壩，船戶怕到岸被發覺詭稱到台叫人出船，其實這些沙壩離島上有一段距離，不知底細的如走到深處會全身陷入泥淖中，或遇到漲潮就會隨流漂溺，有時遇荒島，船戶僞說到台，促客上岸，客因無東西可吃而餓死，有的雖逃過這些難關僥倖到達台灣，如被官吏查出處罰之外仍然被遣回原籍。

上面這一段記載與現況偷渡者相比較，因現代交通工具，資訊通信發達，船係機動船舶，天氣有氣象報告極準，如此一樣距離船速提高數十倍，昔日要二、三日之行程，現在僅數小時就到達此岸，一切海上冒險皆不必考慮，僅如何鑽隙此岸軍憲警之耳目上岸就一切安全，且島內現狀是非常欠缺工人，言語相同就業沒有問題，但這些做法是非法不正常，若島內大家不雇用非法進來之偷渡客即偷渡客因無法就業打工，台灣島內就失去吸引偷渡客之魅力，自然就消失偷渡潮，且島內住民非法雇用偷渡客或逾期滯留之非法勞工，行政當局應研究一套有效之措施來防止一切之非法活動，對非法活動不只使用罰金，應用體罰來懲罰，如此一來島內事業單位或個人就不敢公然雇用非法勞工及偷渡客。此外另一方面趕快立刻制訂兩岸人民來往條例來規定兩岸之遊戲軌道。

依實際問題來考量台灣島內近年來雖一再喊叫缺乏勞工，但尚無法無限量容納大陸勞工之自由來往能力，所以最好要規劃實際之缺乏勞工量，而在需要量範圍內，以許可制之方式，並設立一個管理機關來管理這些大陸來台勞工，且規定滯留期限，一方面可代替前往大陸投資之廠商在台代訓大陸勞工，一方面顧全大陸人民來台打工之機會平等，且在遊戲規則裡面最要緊考慮之另一個問題，就是台灣住民與大陸勞工之同一國民之待遇平等問題，如台灣住民有二、三年之義務兵役，因此大陸勞工是否可規定其服二、三年之勞工役，當然勞工役之長久應與滯留期限長久比例規劃等，如其所得要按島內所得稅繳納等等。但近日來政府既將大陸勞工來台乙案擱置不談，而准外國籍勞工申請來台之辦法，對申請要件雖有種種限制，但依筆者之淺見，在島內使用大陸勞工比使用外國籍之勞工優點較多，其中除國家安全問題上是否有辦法給與理清，此一點應係政府擱置大陸勞工來台不談之關鍵所在，而現在既准由六大行業申請外國籍勞工來台，但是現在尙有大批外籍人員逾期滯留不走，這一批非法外籍勞工既影響島內勞工之就業權益，且衍生諸多社會問題，更嚴重損害政府管理外僑法令威信，且犯罪案件日增已形成治安上之一大憂慮，且將來如何分別認定非法及合法之外籍勞工，應使管理機關一項頭痛問題，一樣要用外來勞工來調整島內之景氣經濟效益，筆者認爲若遊戲規則規定適當使用同胞應比使用外國籍爲佳。

壹個地球杞人憂天……

戴錦秀

我們中國有項流傳頗久的傳說——謂盤古開天之後，由於地上衆生的胡作非爲，「大空」曾因而破了一個大角且天帝並準備降大難於地上的老百姓，以懲罰他們的罪惡和不敬。然其時有女媧娘娘者，不忍心眼看百姓將遭此大災大難，因而鍊丹補天，而終使得此項即將來臨的大禍消弭於無形之中。日後，生活在大地之上的老百姓爲了感戴女媧補天的大恩大德，遂立廟紀念、崇敬之，此項傳說也因此而流傳至今而不衰！

我年少時在聽聞了此項動人心弦的傳說之後。曾爲「天」何以會「破」？——此項問題，而百般尋思考量，然終不得其解。待年歲稍長之後，漸知宇宙規模之浩瀚無際及天體運行之奧妙，遂逐漸將此項傳說當作無稽之談而一笑以置之。但近年來科學家們屢屢指出：謂「天」很可能會破一個大洞（即臭氧層已有破洞出現），若不再想個好辦法予以補修，則我們人類恐怕會因而被消滅！爲此各先進諸國均在苦思「亡羊補牢」之策，希望能依此而有所挽回，由此可見，「天破」是具有科學理論根據的，是一項不容否定之事實而不能以一笑來置之的。

由此看來，「女媧補天」之傳說居然能與今日人類所面臨的危機「不謀而合」，此事究竟只是一項奇特的「巧合」？抑或是古時確曾有「天破」之事實存在？雖是我們不能知之事，但我少年時代所苦思不得其解的問題卻出現於今日世界，深思起來也常令我不禁失聲一笑。再說如果「天」眞的繼續「破」下去的話，則地球勢將逐漸轉變成不適合我們人類居住的環境，爲此科學家們正賣力地在探究宇宙間的奧妙，並試圖尋找出一個可能讓我們人類移居的星球！但是，問題是我們人類所賴以生存，唯一的地球，眞的在有朝一日一定會變成洪荒之地嗎？我們人類一定要移往外星球方能存活下來的嗎？從人類的文明進化過程來看，人類乃是由「石器時代」進入「陶器時代」，再進入所謂的「鐵器時代」，然後再演進到今日的「塑膠時代」。由於人們大量地使用塑膠用品，使得石化工業的進展可以說是一日千里，但由於大量地使用石化物質與開發石化工業，使得我們所賴以生存的大環境——地球，遭受到無情的污染和生態破壞！等到有朝一日自然環境被破壞到某一程度之際，則人類只有與地球一起趨入滅亡之途！

並且，石化工業的基本原料乃是使用後不能再生的物質——「石油」，因此如果人類繼續漫無限制地繼續耗用石油，則「石油」此項資源將會很快地被耗用殆盡，那時人類所有的石化工業勢必要遭到停擺的厄運！而且，一旦失去了能源物質——石油，我們人類還能繼續享受我們的文明嗎？就算能，但地球的「受污承載量」能維持到石油被耗盡的那個時候嗎？這些都是我們人類現今所不能深思熟慮的一大課題。

我年輕時曾任職于台灣電力公司，職司台灣河川之水力發電量的調查、研究工作，並曾研究過台灣河川流水量與當地降雨量的相關關係，以及分析了台灣森林的森林相型態，而對林相與各相關河川之流量、降雨量之間的互動關係，作了相當縝密的調查和研究。同時也調查了雨水貯存在森林與其海綿體土壤之中，受到遲滯之後而再流出的實際狀況，我想這些都能成爲現在所謂「水土保持」等環保工作的有效原始調查資料，聽說現在地球表面上有許多地區，只要降雨量稍微大一點，就會發生山崩地裂的危險現象，而此正是人類濫墾山林所帶來的必然惡果！熱帶雨林逐漸消失……自然環境日趨惡化……環境污染的災害日益嚴重，凡此種種皆是人類自己「自作自受」！又能怪得了「誰」？恨得了誰呢？

我離開台電之後，曾就職於新竹市土木課而專門處理有關「都市計畫」的業務。由於工作的關係，在職期間我曾探討過台灣之立地條件及台灣人口增加之動態，以及在台灣建設上所必須改善的一切公共設施。那時全台灣的人口只有五百餘萬人而已！記得我們當時的調查研究結果顯示：「根據所能掌握的台灣立地條件和生活環境，推定台灣島上之最適居住飽和人口量應爲壹仟萬人，如果超過此項人口上限，則應將所超出之人口量外移，以使台灣本島之生活環境不至於因而受到嚴重的破壞而保持在良好的狀態之下」！然而究諸於現況，現在台灣本島之住民總數業已超過貳仟萬人，此項數目已經是本島「最適合居住人口數」的兩倍之多！因此我們可以說現在台灣的人口已然大額地超過應有之數量，所以如何保持並創出良好的生活大環境，相信正是現今全體島民的最熱切焦點之所在！

深究起來，由於我們對於富裕生活的錯誤認知，現在人們業已拋棄歷代祖先留給我們的克苦耐勞之美德，以及樸實節約之勤儉生活方式，反而一味地追求虛浮、誇張、矯飾的消費性向和訴求！此種以「消費能刺激經濟發展」爲藉詞，實則在浪費、揮霍地球上有限之資源的敗家子行爲，不僅使人們拋棄了一切可再生，可再利用之物資，使其變成危害我們生存的「環境垃圾」，也同時使我們的生活環境受到了很大的破壞與污染！不可諱言地我們現在人類所賴以生存的母親——地球，業已經由於人類的貪婪、無知和需求過度，使其原本具有之微妙生態平衡遭到了嚴重的破壞，同時，亦反過來危害到人類自身的生存。

我年少時曾居住在鄉間，其時的農家甚少使用加工的化學肥料，而絕大部份乃是利用一切可能腐化之雜草和稻草堆，然後再於其間洒灌入人糞、豚糞或牛舍內清出之土糞，累積起來使其變爲堆肥之後再予以使用，如此一來，既可清潔人們所居住的環境；亦可以自然的方式來製造出品質良好之天然肥料，眞可謂是一舉數得。然而，上述那般艱苦、費力之「造肥工作」，現在的農民們有誰肯去做？只要花費幾張新台幣買來化學肥料使用，則既省工、又輕便，何樂而不爲？再者如農藥等殺蟲物資的使用方式，以前在台灣鄉間是利用一種叫做「露籐水」（一種草藤根，將其打碎之後再浸泡在水中，會成爲一種呈乳汁狀的農藥）的天然殺蟲劑來除蟲害，雖說其殺蟲效能並不像現在農藥那般厲害，但卻從未聽說發生過由此而來的農藥傷害。然而，現在因使用強烈之化學農藥，致使農作物上殘留有大量有害性之農藥，因而使消費大衆的健康食生活受到了嚴重的威脅和影響，此種危害至人體健康的愚蠢，不當行爲竟是人人心知肚明而卻又人人行之，這難道不是一種可怕的自殺愚行嗎？

生活在這地球之上的人類，由於自己的貪婪、無知，竟任意地自己破壞自己的生存環境，爲了使自己的生活更爲舒服、方便，人們不斷地發明和生產各式各樣的新式工業產品，因而使工業用工廠林立，煙囪大量排出有毒之煙氣，使得樹木枯死而一切的生物亦受到了影響，如果此種情形繼續惡化下去，則最後人類自身亦將無法生存在地球之上！再怎麼說，地球也還只是僅有一個，然而人類的數量卻是呈等比級數式地一直在劇增之中，由此看來，未來總有人類無處可住、無所立錐之地的一天到來！而且，石油、煤炭等一切礦物資源，亦因人類的大量採取、使用而逐漸枯竭，同時地球上之空氣亦因工業廢氣的大量滲入，而終會變成不適合人類生存之毒瓦斯，依目前的環境破壞的現狀和速度來判斷，如果人類再不警覺此種危機並儘速改善自身的惡行，則人類最後將可能遭到「自我毀滅」的厄運！

所以，爲了維護人類所賴以生存的環境之純淨和健康，並使人類能夠更爲長期性地生存在此地球之上，吾人勢必要深刻地體認到——宇宙雖大，但卻僅有一個地球可供我們居住，起瑪現在人類的能力和智慧還受到此種限制之時，我們就應該好好地珍惜她、愛護她，否則一旦失去了地球這個「美麗的母親」，則人類只有面臨滅亡一途了！此項說法絕不是危言聳聽之語，並且若要逆轉此種生存危機的發生，則人人必當具有深刻的危機意識，並建立起正確的環保知識和系統，然後再透過堅實的實踐過程，以一步步地恢復地球原有的美麗；恢復我們生身之母的活潑生機之姿才是！

沈醉在權力遊戲中的人類，伙伴們請讓我們重新換一個角度來思考生命的眞義所在之處吧！恣意放縱物慾、揮霍無度的人類伙伴們，請讓我們再次來探討精神層次生活的重要性和必要性吧！否則我們的子子孫孫，將會由於我們的自大、貪婪和愚蠢、無知，而無法繼續存活在這個地球上！但是，現在只要我們大家肯深切地自我反省、自我改造，人人確實做好自己份內所應作的環保工作；人人有計劃地生育下一代，並建立起「地球是目前唯一合人類居住的地方」這樣的共識，則地球——我們這個偉大慈愛的母親必能恢復她往日的迷人風姿，而我們也就還能繼續在她的懷抱中生存下去，否則當她有朝一日眞的承載不了，包容不下我們這群「敗家子」之時，我們人類要住在那裡？又要走向何處才是？這一切的一切疑惑和不安，難道僅是我個人的「杞人憂天」嗎？

請負業！營造業！承攬業！

戴錦秀

承攬之定義，若依民法第四百九十條明文規定的解釋，則為「稱承攬者，謂當事人約定一方為他方完成一定之工作，他方俟工作完成後給付報酬之契約」。由此可知，在民法的規定上，為人完成工作者謂之為「承攬人」；俟他方工作完成後支付報酬者謂之為「定作人」。但是，若依建築法的規定和解釋，上述的二個名詞應改稱為「起造人」和「承造人」。並且，現行的民法第二編・第二章・第八節中，詳列有關於「承攬」此項概念的各項條文，作為建築業、製造業、以及改造物品業者們於執行其業務時的法令規範與依據，並以此將「起造人」和「承造人」之間的權利、義務關係，予以明文化和明確化，以利雙方來共同遵守。

然而，究諸於事實，光復後由於工程承攬契約的簽訂，依然承襲了日據時代「偏重起造人單方之權利」的遺風，使得工程承攬人在法律上的權利受到部份的扭曲，此種不公平、不合理的現象，雖經營造業者光復以後四十餘年來的奮鬥、爭取，但仍還無法使「定作」、「承攬」雙方的權利、義務關係，在天平之上取得一個眞正的平衡。這是因為大多數的「定作人」尙還未能適應「新情勢」、「新改變」所致！

因此，「請！負！業！」演變成「用個搶」（與營造廠之台語發音略同）之行業，即「包輸不包贏」、「不搶不贏」、「不偷工減料就不能賺錢」，因而使得非常不合理之現象，屢屢發生在台灣的工程界當中，並使台灣的工程品質一直未能獲得長足的進步與成長！本人在轉入營造界服務之前，曾任職於公家的營建有關單位，其時政府所編定的工程底價方針係爲「固定利潤制」——即「依各種營造業生產因素所求得之市價，再加上某一固定利潤率來設定工程底價」的工程底價製定制度。

依上述程序所定製出來之工程底價，在獲得了工務單位的最高主管認可、核定之後，即可將工程內容予以公開，並由「指定營造業者」來參與工程的競標（所謂指定營造業者，即是在工程施工的所在地，將當地的工程承攬者們予以一番過濾、徵信之後，選出其中業務狀況最爲優良、信用最爲堅實、以及對當地風俗民情最爲了解、最爲熟識的業者，一般而言，大約選出六～十人）。由於當時「總工程需求量」與承攬業者之供給量大致相等，因此不曾聽聞過「供過於求」、「供不應求」等「供需失調」的現象。

但是，第二次世界大戰末期時，由於台灣本島之軍事工程需求量急劇大增，原有的承攬業者一時無法提供出足量的勞務服務，以致日本軍部強制徵調民間的勞動力以支援營建勞力之不足，而美其名謂之爲「勞務奉公隊」。並且，爲了度過「戰時經濟」的困難財政窘境，日本軍方又大量發行紙幣而引起了嚴重的「通貨膨脹」亂象。在這樣的態勢之下，日本軍方惟恐民生物資的供給產生問題，遂厲行「民生物資公定價格化」以及「價格統制令」……等經濟統制之暴行，由此大部份的公共工程（非軍事性質的），在此期間均遭到奉命停工的厄運！相反地，從事軍事工程方面的「指定業者」則一時供不應求，使他們著實發了一筆「戰爭財」！然而，一般、非軍事方面的公共工程業者則無工程可包，縱算偶有一、二非軍事性工程發包，由於僧多粥少，此時衆多之一般工程業者逐不得不相聚在一起「談合」，以謀求適當的解決之道……。「談合」一語之日語發音與「團子」（一種日式糯米食品）大致相同，因此被當時的台灣語意譯成「圓仔湯」（現在通用之「搓圓仔湯」一語，即是由此而來的——即由要承包工程的業者提供出一筆相當之金額，來分配給未承包到工程的各個同業，以發揮同業間相互扶助的精神）。

台灣光復之際，由於軍事用途的鉅量資材囤積在各個施工業者手中，並在頓時之間失去了「原持有者」，加以政府在接收這些物資之時，很難分辨出何者爲日軍物資？何者爲業者私人所屬之財物？所以，當時承攬日軍軍事工程的業者，趁此秩序的「眞空狀態」「順理成章」地「接收」了日軍留下的大量物資，因而得以暴發成鉅富者實大有人在！但是，有人卻因此而導致生活糜爛、失軌而終提早歸陰，亦有人繼續經營承攬業，但在三十六～三十七年的惡性通貨膨脹的風暴中傾家蕩產，失去了他們所擁有的一切！並且，因貨幣價值的超鉅幅變動（每肆萬元舊台幣折換新台幣壹元），使當時營造業的一系列老店亦支撐不了，而紛紛宣告倒閉。其時台灣經濟界之凄慘情況，如今回想起來，實非筆墨所能形容。當時本人所承包工程的工程款未領部份，很不幸地亦遭受到此次經濟大變動的波及。在承辦人員的刁難、拖延之下，我在施工中所支付出去的貨幣價值與領工程款回來時的貨幣價值之間，雖不至於

「縮水」到有肆萬分之一之多，但其間實有天淵之別。當時之經營困狀眞是苦到難以言之，現今回想起來都還會全身冒汗、餘驚不休呢！

其後，由於政府的「貨幣改革」實施成功而使社會金融日趨於安定，因此，本人自二十八年起遂再次投入營造業，此後又陸續地承包了多項公家所發包出來的公共工程。例如：公路局之橋樑工程、或水利局之灌漑工程、或堤防工程，可說是台灣全省各地皆無所不到㈠中部地區尤爲本人最爲熟悉的地區），五〇年代以後，本省經濟開始起飛，由於民間經濟需求的擴張，工廠數因而大增。在此態勢之下，全省性的民間營建需求量亦是急遽地增加起來，致使民間工程的營建利潤超過了公共工程所能獲致的承包利潤，因此本人也就逐漸轉向以承包民間工程爲主的經營方針。

其實，營造廠商與發包機關兩者之間，是由一種很微妙的關係而關連在一起的，每一機關有每一機關本身熟悉、信任之營造廠在出入，第三者要「闖入」是非常困難且風險亦極大。而且營造業的粗利潤率，一般而言只有十%左右而已，如果工程進度不順利，其間若再發生種種問題，或社會金融運作發生激烈的變化，則其所造成的損失往往以所承包工程的工程費之倍數計算，因此若無十足的把握能夠完成所欲承包的工程，則萬不可參加投標去取得工程承攬權，本人一直以此作爲從事營建業的最高指導原則，否則千辛萬苦方才建立起來的一點基業，很有可能會毀在一個工程的承攬之間！此種案例，觸目比比皆是，營建業者！焉可不戒愼恐懼乎？

弱者你的名字，就叫「營造廠」

戴錦秀

在將營造業的情形大略予以敘述之後，本期擬將從事營造業當中，最使人感到痛苦、困擾的事情提出檢討。因爲營造業——乃是爲他方完成一定之工作，俟工作完成後，始由他方手中承領報酬之行業。而且，所承包的工程往往是需要二～三年的時間方能全量完成。因此，在施工期間內的一切風險，也就不可避免地須由營造業者自行來負責吸收。舉例來說，第一次石油危機和第二次石油危機的爆發，使得物價在短期間之內大幅度地波動，而由此經濟波動所衍生出來之一切施工成本的遽升，按一般工程契約的規定，均需由營造業者自行予以吸收、消化掉，此種極不合乎經濟正義的現象，在現行民法的規定上，並無適當之補救的條款存在，可使營造業者能夠避免此種經濟傷害。但是，由於石油危機所帶來的震撼和教訓，營造同業公會的同業之間，產生了一種「危機感」共識，並據此危機感依理向政府有關單位力爭之後，自此各政府機關所發包的公共工程之「投標須知」當中，遂就多添了一項條文規定——即投標廠商經決標並訂立合約後，如在工程施工期間之內，因物價發生變動時，除約定事後不得調整者之外，得按『物價指數工程費調整辦法』，以及另附『某某政府暨所屬各機關、學校之營繕工程，按物價指數調整工程費計價說明』辦理。而依此條文定有調整工程費之計算方式，其方式大約如下：

㈠所稱之物價指數，除另有特殊說明之外，係指行政院主計處公佈之台灣地區躉售物價分類指數之營建業投入物價指數。

㈡工程估驗計價須依工程合約之規定辦理，而於每個月月底辦理計價。

㈢按物價指數來調整工程費之計算辦法如左：

(1)基準月：以工程開標月爲基準月。

(2)不予調整之指數：凡物價指數的增減率在五％以下者（含五％）不予調整。

(3)應予調整之指數：增減率之計算，以開標月之物價指數爲分母，估驗計價月份指數爲分子，所得商數（百分率）減去百分之一百後之餘額，即爲增減率；物價指數之增減率超過五％以上時，以該增減率減去五％後所得差額，即爲調整之指數。

（計算方式：估驗款額 $\times \left[\frac{\text{估驗月指數} - \text{基準月指數}}{\text{基準月指準}} - 0.05 \right]$ ）

(4)調整工程費：以實際完成之當月當期的估驗工程費，乘以應予調整物價指數增減百分率所得額。

㈣每期之估驗計價，應先按合約中之單價來計算基本工程款並核付之，俟物價指數公佈後再據以核算該期調整部份之工程款，然後再予以補發或扣減。

按照上述之規定來看，上述營造業者所遭受之不合理待遇，似乎有能依此補救條款的製定而得到補救、改善的可能性。然而，實際上由於行政院主計處所公告的台灣地區躉售物價分類指數，往往與事實偏離過多而不合乎實際的物價指數。並且，物價波動時，營造業中受到影響最大的便是「建材」的成本問題。主要的建材——如鋼筋、水泥、紅磚、砂石，以及運輸費、普通工人工資、技術工人工資……等營建因素，可能往往在短短的一夜之間，就會膨脹到相當驚人地步！

並且，其影響所及之處，實非主計處官僚人員經數月收集、整理完成之「脫離事實情況」的物價指數所能彌補！此即身爲營造業者最感到悲哀的狀況之一。更何況現在民間的工程定作人，大都主張「工程費應不受物價指數之影響而調整」爲契約成立的要件之一，但營造業者在手中無工程可接之時，爲了求得工作機會，遂往往冒著上述「物價變動所可能帶來之風險」，而不得不接受定作人的發包條件，以致一旦發生物價激烈波動狀況之時，營造商往往陷入經營困境而動彈不得，此即爲身爲營造廠的第二大悲哀之處！

現在，由於民間之企業家紛紛積極地投入房地產業，使得民國七六年到七八年這短短的二年之間，不動產的價格，在台灣狂漲到令人難以置信的地步！而他們在此期間所獲得的暴利實難以計算。由於房地產的行情看漲，自然而然地使得整個營建市場之需求量不斷膨脹，然而，由於國內的全體營建能量無法迅速地配合成長起來，因之先是造成勞動人口的嚴重短缺，進而帶動全體營建材料和勞工費用之上漲！

因此，在此之前即已承包工程而尙未完工的營造商，在這樣的經營大環境的激烈變動之下，若還是要繼續堅持其應有的商德，以及保持其本有的信譽，其損失之嚴重以新台幣億元計者，實比比皆是。而那些能依物價指數的波動來調整工程費的工程，亦因物價指數的公定計算結果與實際狀況不合之故，使其原有的補救功能大爲降低，而無法達到原先預期的目標！由此可見，那些不能依物價波動而調整工程費的工程，其難以經營的慘狀，更是無法以言語道盡！此即爲從事營造業者的第三大悲哀之事。

就本質而言，營造業本就是統轄、管理建築工人的一門行業，因此工人們若想保有良好的工作機會，就必須和營造廠維持良好的合作關係，而日出而作、日落而息的工人與工頭之間，以及工頭與廠東之間的關係，從前是相當融洽而沒有什麼距離的。本人昔日所用之工頭，至今三、四十年來尚有往來，彼此之相處有如親人一般。並且，此種情誼至今也依然存在而絲毫未變質！然而，此種狀況在現在社會是找不到的，因爲整個社會的思想和觀念已然有了很大的變遷……。昔日的想法係廠東提供了工作機會給我，所以我始能賺錢養家，因此工人們對於廠東，有一種感恩之意識存在！然而，現在之想法，則是我替你賺錢，所以你要感謝我……。試問：在此種想法的盛行之下，工人們和廠家之間的關係，怎麼能和諧、圓滿？而且，現在營造廠之經營已經到了必須巴結所屬工頭或工人的地步！因爲工人奇缺難求而恐其隨意離去，以致影響到整個工程的進度。

再者，昔日的監工們往往將工程的成敗當成是自己的事，因而能以頗負責任的工作態度來監督工人們按圖施工，以及適切地鼓舞工人們的工作士氣，以提高整個工程作品的品質。

然而，現在的監工們卻是認爲——我只是來監督工人，看他們是否「有在工作」而已！工人們是否有依圖施工？或是有任何的錯誤發生？他們在作業當中往往都是「金口難開」而不能聽聞到其之一言，但到最後一刻卻又無端地「放炮」起來，此種工作態度往往給營造商們帶來莫大的痲煩！因爲在這一來一去之間所浪費掉的時間和金錢，實難以計算和彌補！此種病態、不合理的現象之所以會發生，固然是由於工人奇缺而導致廠商用人不免濫竽充數，或是由於營造廠本身所屬的技術人員不爭氣所致，但是，現在工人們工作態度之蠻橫亦是已到了令人吃驚的地步！常謂「監工都不講話了！你營造廠要講什麼？」，致使營造業者陷入兩面皆不是人的困境，此即爲營造業者的第四大悲哀之事！本期暫且敘述到這裡，下期再詳談營造廠的第五大悲哀——「鄰房受損，營造廠花錢消災」。

現在讓我們來談談鄰房受損的問題，本來鄰房因施工而損的這種問題，在低樓建築或地下室的開挖深度只有一層的施工狀況下，是不太會發生的。但是，自從高樓建築的日益增多，以及地下室的開挖層數日趨加深之後，在地質較爲鬆軟的地區——如台北盆地（地質爲澱泥土層），此地帶的高樓建築施工，就算施工單位以連續壁施工法或鄰房基礎灌漿加強法……等安全防護工法，來意圖防止工程公害的發生，但由於其基地的周圍建築物之基礎本就不是十分堅固，再加以地質層屬於甚易流動的沈澱泥土層，還是很難避免鄰房在施工過程中，絲毫不受到影響。

然而，建築起造人在今日一坪地價甚至高達百萬元的經濟大環境之下，若是不能使其手中所設計或所有的土地，發揮至最高度之利用的話，將是違反時代要求與不合乎其個人經濟利益的。於是儘可能地往地下與向高空發展，遂成爲時下建築物的最新發展趨勢！舉例來說，現在台北市及其近郊的各鄉、鎮、市，因土地利用幾已達到飽和的狀態，因此可建用地是愈來愈少！在此狀況之下，舊有房屋的改建和更新遂成爲近年來市區內的建築主流。但市區內的建築施工，因基地的前後左右幾乎都是房屋，因此施工挖地基的時候，必須相當小心並做好安全措施，方能避免招致鄰房受損的公害問題。然而究諸事實，就算施工單位兢兢恐恐地小心施工，鄰房受損的狀況還是層出不窮而引起相當多的糾紛。

站在營造廠的立場來看，營造業者乃是依照「起造人委託之建築師所設計，並經建管機關依建築法之規定核准之圖面」來施工，因此若是營造廠本身並無施工不良……等缺失的發生，但鄰房卻因不可抗拒之因素而發生地基下陷或房屋龜裂時，此種公害的責任究竟應由誰來負責呢？此一問題當是政府有關單位及各級民意代表需謹予以研究的重大社會課題！

並且，現在社會治安大大不如往昔，加以營造業者「目標」顯著，於是一旦發生鄰房受損的狀況，受損戶往往會受到某些別有居心人士的鼓動，以種種「合法」的說詞來掩飾其非法的意圖，來向業者要求不合乎情理的超高額賠償金，使業者手足無措、難以應付。舉例來說，受損鄰房戶往往集體會合起來向建管單位投訴，而建管單位向來對投訴案件的處理原則是：來者不拒，因此往往是不論民衆之陳情是否有具體事實？就一概受理並函要求營造公司與投訴人和解。其公文內容千篇一律如下：

「主旨：

台端所領本局×建字第×號建造執照建築工程，因施工肇致鄰房損害，經查屬實，請速即逕行協議修復解決糾紛並說明各項轉辦理，請查照。

說明：

一、依某君等數十人某年某月某日陳情書及○○市○號函辦理。

二、經查本案工程地點為××號，被損鄰房地點為××所在地。

三、依建築法第二十六條之規定：「直轄市或縣主管建築機關，依本法規定核發之執照，僅為對申請建造使用或拆除之許可。建築物之起造人、或設計人、或監造人、或承造人，如有侵害他人財產，或肇致危險或傷害他人之時，應視其情形分別依法負責。

四、依內六十八年八月二十三日（六八）台內營字第三二九七四規定略：

㈠建築物在施工中發生危害公共安全事件時，承造人除應立即停工並報請主管建築機關備查之外，主任技師及工地負責人應確實檢查現場，並請監造人鑑定後，將結果報請建築主管機關依法處理。

1. 經監定為不危及公共安全者，經報請主管建築機關核備後，准予繼續施工。

2. 經鑑定有危及公共安全者，監造人應立即通知承造人及起造人改善與加強防護，或協調、修護、賠償之，其已達於不危及公共安全程度者，並經報請主管建築機關核備後，准予繼續施工、如承造人及起造人不依指示辦理，監造人應即報請主管建築

機關依建築法第五十八條之規定處理之。

㈡建築物施工中發生之毀損糾紛，當事人得委託當地建築師公會鑑定其責任、安全及修護費用並代爲協調。如協調不成，主管建築機關得指示當事人，申請建築爭議事件評審委員會評議，或由當事人逕行循司法途徑解決，其起造人、設計人、監造人、承造人之行政責任，以及主任技師與營造該工程之專任技師的連帶責任，而由主管建築機關依權責認定處理。

㈢毀損糾紛協調不成或當事人不服評議者，主管建築機關對於公私鑑定之結果，認爲被毀損情事並不危及公共安全，且當事人願先行將鑑估之修復費提存於法院者，得准予繼續施工。」

此一公文的處理缺陷在於「經查屬實」及「立即停工」這二句，因不論受損者只是少數幾戶或眞是投訴人全體都受到損害？此項問題尚無明確答案之時，就遽然下令承造人停工，而使承造人因此而蒙受極大的損失！並且，如果不事先查清受損戶的龜裂是否爲原有舊紋？或受損部份本就爲違章之破損房屋？就立即下令承造人停工，便會傷害到承造人的應有權益！並且，某些建築主管人員在尚未確認投訴是否爲眞實或虛僞之前，就公然以「當事雙方尚未取得和解」及「監工人並無保證不危及公共安全」爲由，拒絕接受承造人一切之勘驗申請，使得承造人只得忍氣呑聲而立即停工。並且，縱使承造人之後申請建築師公會等公正單位來鑑定受損狀態，並估算出修復所需之費用，然而，受損戶卻往往以「受損部位持續惡化」，以及「懷疑鑑定單位的權威性及公正性」爲由，拒絕接受公正單位的鑑定結果與其所估算的修護費用，反而提出天文數般的賠償要求，使得和解或調解根本無法得以成立！而且，以此種方式來拖延業者的復工時間，意圖使業者因不堪拖延而不得不向他們低頭！

還有，高樓建築物施工之前，業者大都會向鄰房要求拍照存證鄰房施工前屋況，但大部份的鄰房住戶卻往往拒絕此種正當要求，使得業者不得其門而入而獲得拍照存證的機會。在此種狀態之下，若是工程進行至某一階段時鄰房其中一戶突然發生受損狀況時，受損戶往往就會聯絡其附近住戶來實施「集體投訴」，在「人多好辦事」的盲目心態之下，竟使得此種「合法勒索」的行爲得以公然進行！

深究起來，此種不合情理的「勒索暴行」之所以得能成立，其主要原因在於主管機關在處理投訴案件之時，並未確實遵守法律上「告發者舉證」之原則，且對公正單位之鑑定未能採取肯定、支持的態度，因之，此種處理投訴案件之方式，使得投訴人得以「相當勇敢」地對營造廠「大力鞭笞」而「毫無畏懼」。於是，眼看著因建築工程基礎開挖而招致的損害鄰房案件日益增加且糾紛頻傳，但因建築主管機關到目前爲止尚還未能訂出一套明確的鄰房損害賠償的標準，以及能夠予以事先防範的規範，因而導致工程公害的糾紛發生後，往往就使工程停擺，不得動彈，在此種情況之下，業者固然是苦不堪言，有苦難訴，而實際受損戶亦是得不到合理的賠償而怨聲載道。

根據中國時報去年十二月十八日的報導：

「台北市政府建管有鑑於鄰房因施工受損的案件日益增加，因之，依建築法第六十九條之規定，訂頒出『台北市建築工程基礎開挖安全措施管理作業要點』，以防範工程公害的不當發生。對於此項新規定，本人雖尚還未能閱讀到其詳細內容，但若是營造廠雖已依照市政府所頒發的「作業要點」來施工，而鄰房受損的案件仍是持續發生的狀況下，有關於「責任的歸屬」的條款是否亦有明確的規定？此點本人雖無法得知，但我個人認爲建築基地開挖前的「鄰房現狀鑑定作業」事項，應發揮公權力的威信，使事先拍照存證的作業得以確實地建立起來，即在「建築管理規則」之內，明確規定起造人及承造人必須在開工前，會同建管人員對於鄰近房屋先行拍證存檔，而鄰近房屋的所有人亦不得拒絕此項合理的安全防護要求，若能確實執行此項作業，則一旦發生鄰房受損的案件，建管機關只要遵守「告發者舉證」之法律原則來處理，相信必能減少糾紛的發生，並使賠償作業得以迅速完成！

因爲再怎麼說，我們國家仍然還有一個法治的國家，因此若能以前述的方式，將公權力適當地導入以執行、處理工程公害所引起的糾紛，則由於係在法律的基礎上來運作，而有了一個明確的處理基準可循，此類案件才能擁有獲得圓滿解決的可能性。至於主管機關是否應以公權力來介入此種公害糾紛？就本質來看，其實是一個相當單純的問題。申論起來，如果工程是未取得合法執照之違章施工案件的話，則建管機關就沒有理由以公權力介入，但若工程是經過合法程序取得執照之建築工事，而其施工亦無違反建築法之規定，或發生施工上重大錯失，且在發生鄰房損害之後，經公正單位鑑定爲並無危及公共安全之虞，而賠償金額亦大略地被估算出來的狀況下，然而營造業者卻仍是持續遭到鄰房的無理要求，此時建築主管機關即應伸張其應有的公權力，來極力「排除不法，保護合法」，自然就能使工程公害所引起的糾紛日益減少。

還有，如果政府能夠加強取締違章建築，以及，確實查驗房屋受損的狀況（例如：確認受損部位是否爲新傷或舊痕？），則賠償作業將能更容易處理！但是，如果事件發生後，建管機關或民意代表未能正確地加以處理的話，將使營造業者遭受到嚴重的打擊，甚至會變相地「鼓勵」受損戶「勒索業者」，使他們誤以爲「集體抗爭」即是解決問題的最好方法而使事情難以收拾，此實爲營造業者最感悲哀之事也！

針對「鄰房受損賠償」此一問題之解決，本人尚有一構想，即現代工程之施工，營造業者大都必須投保營造工程之綜合保險，此一保險制度實施以來，造福業者不計其數。然而，其中的附險一即有鄰房龜裂和倒塌保險，卻因各保險公司考慮到其本身的營運成本，以及處理公害問題上的困難度，因此遂就儘量壓低此類附險的保險賠償金，及提高營造廠之自行負擔額，使得一旦發生公害糾紛，營造廠就會陷入必須獨立奮鬥的苦境，甚至演變成——「雖有心賠償，但卻作不到」的窘境！

因此，爲了彌補保險公司解決賠償問題之能力的不足，本人認爲應由營造同業公會來組織一個專業化之物產保險公司，以承接營造工程之綜合保險事，且規定每一位會員若要參加營造工程綜合保險，就須經過此一保險公司的保險，同時在公會內部設置「鄰房受損賠償基金會」，並規定每位會員承包工程之時，須按一定之比率來徵收一筆金額貯存在基金會內，而且，在基金會內再設置一個專職評審之公正機構，專門來承辦鄰房受損之賠償審議案件，以保障營造業者的正當權益。

總而言之，處理鄰房受損有幾項相當基本且不可或缺的原則和措施：即

1.開工前拍照存證的確實及硬性執行。

2.建管機關遵守「告發者舉證」的法律原則來處理投訴申請案件。

3.政府主管機關必須立一套明確的相關法令，以作爲解決此類案件的處理準則。

4.於營造公會內部設立「鄰房受損賠償基金會」。

5.以及「賠償評議公正機關之設立」。

如此一來，一旦發生因工程公害所造成的社會糾紛就不會形成僵局，則不僅受損戶能夠得到合理的賠償，而營造廠亦能免除被勒索的不安，如此即能減少糾紛，增進社會的祥和。

砂石業者要大罷工之省思

戴錦秀

去年之颱風季看到頭前溪橋之災害，筆者曾寫一小文登載本刊一月號，文中曾列舉濁水溪之中沙、溪州、西螺、自強、西濱等大橋或高屏溪之高屏大橋之橋基均已裸露，且溪床下降二至三公尺之電視畫面，有感而說此爲濫採及超採砂石所引起之結果，不僅橋樑之安全有問題，筆者認爲堤防亦應已瀕臨堤腳浮現之可能性很大，而將過去採取河川天然砂石之狀況及現況略述比較，並倡議目前採砂石之工具都已機械化，使行政管理機關難予管制其採取量及採取深度，致使合法業者也有超採或濫採之狀況，何況非法業者之行爲。因此，最好全面禁止使用機械採取河川砂石之方式，而政府應儘速調查全省礫石堆積層之陸上砂石礦區，鼓勵民間業者投資開採，再請水利局按各河川集水面積區域，計算設計平常水位斷面及廿年期洪水水位斷面及一百年期之最高洪水水位斷面，而將各河川整治浚渫成爲三斷面之河道，並將整治出來之砂石出售做爲整治及養護河川之費用。至於砂即抽取水庫之堆積砂，一面利用砂，一面浚渫水庫增加水庫蓄水量及延長水庫壽命等措施，雖爲筆者一時所杜撰但亦有研議之處。然而，政府之措施卻本末顚倒，未曾開發開採陸上砂石而僅先禁止採取河川砂石，致使砂石業者無從供應而發出怨言？

政府是否鑑及各河川堤防、橋樑之危急而採取緊急措施，卻全然不顧砂石業者之生存空間，不論合法或非法，有無影響河川安全之區段全面採取禁採措施，如此做法實在有省思之必要。

砂石乃工程上之重要骨材，有天然砂石及岩石壓碎所製造之碎石可用，只因碎石骨材需製造加工因而價格昂貴，而天然砂石是便宜且最經濟的骨材資源，但是河川之天然砂石產量有限，爲採得完，用得盡，而不能再生之資源。因河川之天然砂石是在山谷間之礫石堆積層因大雨造成山崩而隨洪水匯集堆積於各河流中之砂石，往昔取之不盡是每年之採取數量不曾超過每年各河川所自然匯集之數量，即政府制定之「土石採取規則」所規定之深度或範圍均依每年之匯集量爲最高原則而規劃。然因本省之建設工程大力推動致使砂石骨材之用量大增，而且各河川之砂石匯集量卻築堤建造水庫，而水庫上游之山谷坑溝就建造攔砂壩，攔截砂石流入水庫，如此建造有水庫之河川就失去將砂石自然往下游搬運之效能，這條河川就失去補充砂石來源而日趨枯竭，現今全省各河川都發生同一樣之現象，因此政府若無趕緊設法取代河川天然砂石之需求量，即不趕快開發陸上砂石礦場或砂石製造工場調節供需以免發生供不應求之現象，否則砂石業者爲供應需要及爲本身之生存還是依河川砂石爲主要來源而採取盜採，超採一途應無疑問？

前（十）月廿八日中國時報中部版刊全省砂石業者不滿政府一省數制，如課徵使用費標準不一及常常依各種法令刁難業者爲由赴省政府及省議會陳情，如果政府沒有回應，將自月底起全面罷工，而其訴求重點即指出㈠主管官署或相同單位不能有本位主義，不得以河川治理計畫，疏濬或公共造產爲藉口，任意收回河川採石地。㈡水利局應重新測量河床標高，重新訂定採石標高。㈢現有的「砂石碎解洗選場，應先准予就地合法化。㈣在未設置土石專業區前，不得強制拆除現有河川砂石場。㈤在不妨害行水情形下，不能強制業者遷移河川旁所堆積的砂石原料。㈥政府不能屈從鄉鎮公所主宰土石申請。㈦應儘速訂定「土石採取法」以取代現行的「土石採取規則」。㈧河川公地土石採取申請應簡化程序。㈨請政府儘速成立「河川警察隊」，嚴厲取締非法盜採者。㈩交通單位應嚴厲取締砂石車超載與超速行爲。㈪請政府早日拓寬南迴公路，以便「東砂南運」。㈫請政府撤銷三峽河，大漢溪、新店溪、淡水河等禁採命令。㈬請新竹縣政府信守八十一年九月的協調結論，核准業者在頭前溪採砂。㈭開放高屏溪、荖濃溪、旗山溪、隘寮溪等河川禁採區等十四項目。

而省長宋楚瑜重視砂石業者陳情，立即回應三項原則：㈠對合法業者的權益予以保護。㈡對非法業者，則嚴加取締。㈢對不合時宜的法令，檢討改進。並立即計劃放寬原有的禁採方案，對不妨礙河川安全及跨河構造物，如油管、瓦斯氣管、橋樑，及不妨礙灌溉取水，或造成堤腳淘空之河川地帶，研議開放開採。但是對現行之橋墩上下游五百公尺不准採取之規定擬予擴大以防止橋墩裸露之問題，而使砂石業者接納回應，而恢復生產供應，使不致影響砂石市場供應失調是爲良好之處理結果。然而在全省合法業者串連全面停止生產砂石之行動是否有效？因爲非法業者比合法業者多的情況下，是否全數配合停止生產禁令，頗爲疑問？

因此發動停產業者得到省長善意之回應後，就立刻撤銷罷工禁令當可理解。

但問題是否已解決，筆者是悲觀的，因爲政府爲了管制河川安全，橋梁安全，公佈諸多規定要求業者配合，而業者對政府之禁令無法適應而串連反彈，是合法業者之反彈而不是非法業者之反彈是筆者不能了解之疑問也？

前些年剛完工不久之跨越大漢溪之三峽鎮通往鶯歌鎮之三鶯大橋，因颱風洪水致倒毀流失，政府不得不立即重建，以利交通之順暢，然自此政府始發覺河川砂石之濫採，盜採影響河川安全及橋樑安全，而開始採取禁止採取河川砂石之規定，雖然如此去年之颱風季還是帶來頭前溪橋之災害以及濁水溪及高屏溪等各大橋之橋基裸露問題。橋基裸露表示基樁之安全發生問題若不迅速加強保護，萬一發生橋面下陷或橋樑毀失即全省之交通爲之中斷影響所及不只經濟面之運輸，連軍事運輸、國防安全都會受嚴重之影響。據報導政府已在這些橋基裸露橋樑下方興建潛堰攔砂以防止砂石繼續流失，筆者想潛堰建造完成以後，若砂石之超採無法禁止，橋樑之安全也難以確保。據聞這項工程費高達四、五十億元，而造成如此重大經費之損失，無他就是砂石業者之採石行爲不守規定所造成。據筆者以前所了解的土石採取規則是有採取深度及採取範圍之規定，如需離開各種構造物之隔離距離等，若按規定採取是不會發生濫採及超採之問題。然而因何河川之砂石採取一再發生盜採、超採呢？筆者在「看頭前溪橋災害之省思」一文中曾經略述這些原因所在，現在就不再贅述，但有人指述濁水溪之合法砂石場僅十數家，但至少有上百家業者在濁水溪河床開採砂石，這　指責證明了非法業者是合法業者之十倍，如此明顯之合法業者與非法業者差距，政府爲什麼無法查辦禁止？無怪乎，有人說這次之業者抗爭意義是要讓政府重新檢討河川砂石之開採政策，以利確保合法砂石業者之權益，並杜絕盜採、超採對河川之危害，及擬阻止部份民意代表不管砂石業者之開採行爲是否合法都介入關說，使河川砂石盜採行爲逾加猖獗。另一人卻說：「台灣盜採砂石的問題，完全是政商勾結的結果，因每一家砂石場背後都有民意代表及黑道在爲他們撐腰，誰也對他們無可奈何。

因此河川巡防隊員都變成瞎子及聾子，龐大抽砂船他們都看不到，隆隆喧嘩之抽砂聲音他們都聽不到，所以他們無法取締。此一說法是否實在？筆者實在也不知。但政府卻閉一眼、開一眼，縱容非法業者及不肖合法業者以合法掩護非法公然進行盜採、超採，是有目共睹，也使人感覺實在如此。這種盜劫國家資源，危害人民生命財產安全及交通安全之非法行爲，雖使有識之士憤怒，使水利專家嘆息，使交通官員憂心而無法制止之河川砂石之超濫採問題，卻由砂石合法業者本身發動要以罷工之方式，要求政府應該注意改善及取締，此一訊息後面是埋藏什麼問題呢？

筆者近來利用旅遊順便觀察各地砂石採取情況，蘭陽溪之砂石爲供應台北區而使濱海公路之車禍陸續不絕，應爲大家所熟悉。淡水河及新店溪、大漢溪都因三鶯大橋流失而被禁採，早日砂石之供應地段，鶯歌、三峽、大溪段都靜寂數年。頭前溪在高速公路之上下游都見不到昔日採石風光，竹東近郊亦因去年之災害似亦被禁採。後龍溪在高速公路苗栗段堤內尚有砂石場之蹤跡，但都看不到採取原石，而有動工製造砂石之情形，這段有無被禁止，筆者不知。然在苗栗往大湖途中之紋水，泰山溫泉間之河床被採石業者翻遍的不成體統，其情景之慘無法形容，所幸都在橋樑上游否則後果不堪設想。大安溪在三義火炎山腳之數座砂石場應爲河川砂石之採取模範，河床都非常穩定不見有超採之情況，而且此處應爲開採陸上砂石火炎山礫石層之最好處所，偏離集落社區，製造碎石之噪音不影響住民之生活環境，發生之石粉塵埃亦有廣闊之溪床可以承銷，碎石洗選有足夠之溪水可用，且位於本省中央地段，有高速公路三義交流道在咫尺之間，交通非常方便。筆者想政府可在此處輔導陸上砂石採取場及碎石製造工場數家，專門製造混凝土用骨材砂石，應是最敏捷能達到預期目標之產量，來供應市場需求量，一面可來制衡河川砂石之濫採、盜採、超採之行爲，再者可節省被非法砂石業者毀損之橋基及堤腳之護工程等工程費，而將節省下來之工程費劃分，一部份來輔導砂石業設置陸上砂石及碎石製造工場，妥善規劃開採，適當調節供需，發揮砂石資源之經濟效益，兼保護河川及橋樑之安全應爲事半功倍之雙贏政策。

大甲溪之砂石場在高速公路右側南岸有一處，附近河床亦甚爲穩定應無超採。烏溪在台一線上下游都未見到砂石場，但似已轉往喀哩芬園間之河床採取，因前些日，報載有彰化住民三堂兄弟同往芬園烏溪段嬉水，卻溺死在採石窟之游渦裡之不幸事件，筆者閱報甚爲難過，雖是無心之過，但採砂石業者應有所警惕。

濁水溪上游在南投往竹山之公路邊山腳有一處砂石場，是近年所新設，其附近河床都尚稱穩定，筆者亦未發現有超採之現象，除此處以外筆者甚久並無涉足南部之河川，其採石情況如何並不熟悉。但自去年在電視畫面看到濁水溪下游之各橋樑及高屏溪之橋基裸露情況，而感到河川及橋樑之安全危機，是以應如何來解救此一危機是爲筆者所冀望！杞人憂天？

本省之砂石之年需求量據統計需八千萬到九千萬立方公尺之間，其供應來源是河川砂石及陸上碎石，而陸上碎石需加工費，碎石工場之數亦曲指可數，因此不爲一般使用者所歡迎，而且碎石骨材偏向爲道路等土木工程所使，其供需量亦甚少，而一般建築工程長期以來都仰賴河川砂石，而河川砂石年採取量是依河川自然堆積量由政府所許可，據統計年約許可三千五佰萬至四仟萬立方公尺間，如此明顯之不足之數即爲砂石業者盜採、超採之數量。自政府發動六年國家建設以來，砂石供需量就嚴重失調，供應失調造成非法盜超採局面，若無盜超採供應即影響國家建設工程之進度，年復一年如此發展即有朝一日，再次發生如民國四十七年之八七水災情況時，全省之河川恐條條寸斷，橋樑座座毀失，交通癱瘓，造成社會動盪不安局面，會發生如此現象，明如觀火。因此政府應立即與砂石公會會員有識之士成立陸上砂石開發小組，尋覓數處開採年限最少有十五年至廿年之砂石礦區，設立碎石工場，由政府補助設置經費，輔導低利貸款進口碎石機械，以獎勵投資條例減免營利事業稅等方法來獎勵投資業者，應爲當務之急，前段筆者已說明火炎山腳之設置場地，再有一處在林內斗六間之靠山位置，地名不太明確，好像叫做石榴班坑之地方，從前縱貫鐵道有一驛石榴班站，很少有乘客之小站，此站建有一條鐵道支線專門運輸石榴班境之石碴往屏東飛機場使用，筆者於民國四十二年間曾在此製造碎石，現在該處之環境未知有無變化，否則該處只用水需鑿井抽用外一切都甚為理想，本省尚有八卦山系及大肚山系及桃園龜山系有陸上礫石層可開發，其中八卦山系尚有未被使用之坑溝可採，大肚山及龜山因地面上之開發使用規劃都比前面所述二處發達，要設置碎石工場恐承受地主及民衆之強大壓力，恐要政府發動強力之公權力及花費較多環境保護工程才能成功開發，總而言之筆者建議政府應以較長遠之眼光及早籌策陸上砂石之開採，不要使砂石業者都在犯法邊緣，恐已在犯法中，做為毀損公共安全之罪魁！甚幸！

看頭前溪橋災害之省思

戴錦秀

在電視畫面上看到鐵道貨車三節停在橋上，右邊橋面已空無一物，知道橋已被洪水沖垮，畫面一轉，看到洪水集中在右面溪邊騰騰奔流，再一轉看到竹東大橋之橋名牌，始知道原來是內灣線之頭前溪鐵道橋被洪水沖失之一幕，且主播員一再說頭前溪之公路橋亦瀕臨危險動態。

因筆者省籍爲新竹市，對於頭前溪，自然發生地域性之親近感，所以頭前溪之每次災害都特別敏感而關心，如數年前之某一次暴風雨將頭前溪之縱貫鐵道橋沖毀，機關車及乙節車廂掉落溪中，另一次颱風將縱貫道路（省道台一線）之頭前溪橋沖毀一跨徑，使一部小汽車掉落溪中，兩次都發生嚴重之死亡車禍，而這一次亦是橋樑被沖毀而掉落溪中是貨車，願無人傷亡乃筆者所希求也。

縱貫道路日據時代又名陸軍道路是以運輸戰爭物資以及調動軍員爲目的，由軍部強制發動義務勞動，由全島西部之市、街、庄，分攤路段驅民工爲之施工，全長約四百公里，用地強制無償徵用，現在尙有民有地參雜路中是爲現今所稱之省道台一線公路，其築造年代因筆者手邊沒有資料可查，但筆者年少時就已築造完成，而光復後之台一線，因交通頻繁而一直在擴寬修築，尚無停止過之形跡應爲大家所共識，因爲頭前溪之公路橋樑是日據時代所建造，其基礎入土深度都不深，但爲何日據時代並未曾被洪水沖毀而現在卻一而再，再而三被沖毀發生災害呢？

頭前溪之河川坡度在本省之主要河川中應算是最急陟之河川之一，因此一旦有洪水，溪床之沖鑿程度比較厲害，而且前面已說過日據時代所建造之橋樑基礎都採用短基樁加筏基單盤基礎或沈箱基礎，其入土深度應不會超過沈箱二節八公尺。因此各維護單位都在每次大雨後就派員查勘各橋樑之橋墩周圍，有無被洪水沖刷騰空或有無加強保護之必要等等。

筆者在日據時代常常看到頭前溪之公路橋基或鐵道橋基在加強保護橋基工程，隨發現，隨修護！以最少之費用來防範大災害於未然，因此罕有那一座橋基沖毀而發生災害之新聞。此爲一份預防一份效果之實際狀況也，那個時候所見到之橋基保護工都用「木框沈床」（利用鐵道舊枕木）配合卵石砼籠方式，筆者認爲此一工法非常實用而且卵石蛇籠在補修時，非常簡便，（附近卵石很多因此工程款可節省）因而將此施工法默記在心中。

頭前溪屬於省政府水利局第二工程處之整治管轄區內，這一次「道格」颱風來襲，筆者留意全省各河川及公路之損害動態，提姆颱風之災害集中於東部公路，而凱特琳颱風之災害可說輕微，而道格颱風卻挾帶豪雨造成中南部山區交通之斷絕，造成高雄岡山一帶之積水未退，高速公路岡山路段爲之封閉四天，都沒有看到堤防之崩壞流失致嚴重到沿溪岸之房地田畑流失所造成之損害，沒有如當年八七水災中部地區之堤防崩壞，村落沖失，人員家畜隨水漂流之慘景尙稱不幸中之大幸。然看到河床遭刷深，水流集中奔流，橋墩基礎裸露騰空，實有怵目驚心之感而有所省思。

筆者所築造之橋樑若溝渠等市區內之小橋不算，應以民國三十六、七年間之西勢大橋爲第一次，是水利局設計鹽埔工程處所監造，是西勢往屏東而跨越舊溢寮溪之橋樑，T型式橋面，基礎採用筏基單盤基礎，連短基樁都沒有打入，基礎入土深度三公尺，完工至今四十五年因筆者未曾再去過西勢，致不知該橋現況如何，但因施工並無特殊之處，只記得溪床遼闊要築起橋墩時就將溪水移離施工位置，橋墩橋面之施工都甚順暢。

第二次是民國三十九、四十年承造之平林橋，是公路局設計第二區工程處監造之草屯至南投、彰化之跨越貓羅溪之橋樑，橋長一百公尺懸肩長八公尺，跨徑二十八公尺之三跨徑懸肩式橋面，基礎入土十二公尺之沈箱式基礎，當時之建造機械並沒有現在這樣發達充足，其施工筆者費了相當之苦心，所以一直難以忘懷。

本橋之施工位置在舊吊橋下流二十公尺處，河川兩岸相距一百公尺，要築造四柱橋墩及左右兩橋台及築造橋面爲主要施工工程，其中之一號四號橋墩位於溪床陸上，二號三號橋墩仍在溪流中，而一、四號橋墩之基礎地質爲礫石堆積層含粘土，地下水位亦不高亦不強，因此僅載夠重量沈箱就下沈甚爲順暢進行，問題就出在二號橋墩，因二、三號橋墩均在水中必須依築島方式施工，而三號橋墩在水深處因之先二號橋墩施工，而出洪水時三號橋墩沈箱已沈下一節半（一節四公尺）以上之進度而二號橋墩沈箱卻僅沈下一節而第二節剛灌完混凝土而已，人工築島已被洪水沖失而三號沈箱屹立溪中，二號沈箱卻被洪水沖鑿由垂直線傾斜約二十度，而傾斜之沈箱若無扶正後續工程無法施工，要扶正在當時之施工環境下全無機械（亦不知有何種機械可用）實在無法可施，想要炸棄重做炸藥及施工場地都有困難，在兩難之下決定將現狀扶正，因傾斜到抓斗已失去作用，而溪水亦已入侵沈箱涵內致抽水機亦失去功能而必須使用潛水方式始可施工，當時之挖土潛水夫之工資約爲上等木匠之三十倍，花費甚高，而每日之沈下量與矯正量都在二至五公分之間，而施工是最原始方式即一面用數支千斤頂頂著，另一面用數台捲引機牽引，而沈箱上方之載重依偏心吊秤方式荷載，且常常要改載調整位置等等。

這一柱沈箱基礎之矯正花費了總工程費之五分之一，工期消耗五個月，矯直時沈箱位置偏離正確位置約八十公分，但此一困難啓示了筆者對於十二公尺下之基礎底尚未達到硬性地盤而感到全體橋樑之安全性，而且以後之數次洪水橋墩旁邊之溪床之砂就浮遊，筆者將十公尺長之鐵軌（沈箱上面之載重物質向鐵道局借用）垂直吊下時絕無感覺磨擦力之存在，而且前此附近住民陳情新建橋面似有過低曾請公路局考慮提高橋面高度一・八公尺，現又發現橋墩之安全有問題時站在施工者之立場亦不得不以善意之立場來表明應加保護之要求，公路局亦有感原設計對於橋基之保護欠周全就設計「粗朶沈床」配合卵石蛇籠壓重方式來保護二、三號橋墩基腳周圍。

此一變更解救四十七年八七水災時，草屯、埔里、中興新村之住民，在烏溪及貓羅溪上之一切橋樑都被洪水沖垮時，僅靠獨存之此一平林橋對外交通，此爲筆者生平最得意之一項事情。而這一種粗朶沈床配合卵石蛇籠壓重保護橋基方式是筆者自頭前溪之橋基保護方法得了啓示而建議公路局之設計人員而承蒙採用施工，而且甚爲成功之事例。水利局堤防工程之護堤基腳如大肚溪，北港溪也都採用此一工法。因粗朶爲相思樹枝梱綁而成之十八公分徑之樹束彈性很好，如同柳樹迎風與水流抵抗有很好之彈性。此次災害濁水溪之中沙、溪州、西螺、自強、西濱等大橋或高屏溪之高屏大橋之橋基都裸露出來且據報導溪床都下降二、三公尺此爲濫採及超採砂石所致，洪水只將凹凸不平之溪床掃平而出現之現象，不只橋樑有問題筆者認爲堤防亦應已瀕臨堤腳浮現之可能性很大，若不緊急維護搶修下一次洪水之災害恐與八七水災相若亦未可知。

關於砂石之採取，筆者將過去之狀況略述如下：光復前頭前溪之土石採取權是交由警民協會（消防隊）申請承辦，由警民協會再交由下包（民間業者）採售且因爲人工手採深度不會超過一・二公尺因而不會超採濫採，台北市在四十年代之前半時尚由台北工業公司（林提灶先生大同公司創辦人）承辦，第三者申請均難核准，（筆者在四十二年間爲申請抽砂塡劍潭國小旁邊之土地未蒙市府核准之經驗）且當時之砂石使用量尚無現在這樣多量，因此政府得以警民協會之立場或林提灶先生之人格來制止濫採河床砂石爲手段，但在需要量增加，一般民衆相繼申請開採繼而黑道插足其間時，全省之河川河床因之變樣致河川砂石不僅是濫採之問題而變爲盜採之局面，各地方政府眼看境內河川被不法刁民以合法掩護非法之方式，不按採取規範之深度及寬度或許可範圍越界亂挖，要取締，業者握有許可證，界址無法查核致取締亦有困難，致政府就全面禁採，禁採就發生供需失調，砂石價款就暴漲，價款一漲就有暴利可圖，致業者鋌而走險，盜採之舉變成黑道常業而且政府之公權力一向不彰，河川巡防員之人手亦有不足且執行亦有不力，或者被黑道遏阻或者被勾引而相互勾結，如此惡性循環致無法管理。

因爲亂挖濫採結果致河床到處都是挖坑凹凸不平，一旦河水高漲，流速加急時，將散在各處之深窟串連變爲主流變爲沖刷河床之主要因素，主流亂移使河流不穩定，如濁水溪或高屏溪超採過度之河川之河床據報導河床都爲之下降二至三公尺實在可怕之極，如此狀況近日來之水災電視畫面都可見到。因爲河川之某一橫斷面特別有深槽時河水就集會一處，量多水急其沖毀力量很大，內灣線鐵道橋之沖垮畫面，橋上之三節貨車下面溪床不見流水是爲明顯之實例。

台一線之頭前溪公路橋在「費雷特」颱風之再次侵襲後，橋墩及橋面都被沖垮流失二跨徑，自將十大建設推行後深基礎之新工法及施工機械都被引進，而且近年來之水工實驗研究亦有相當之確實理論可資參考，因此以後要建造之橋樑筆者認爲施工品質當可提升，受洪水災害應可減少或避免，但無論如何平常時就要勤勉勘查應修即修應補即補，此爲消滅此一災害之最高法則。

據報導中沙大橋及高屏大橋自三年前就發現橋基裸露浮現，但有關機關以裸露尚未達到三分之一之影響行車安全標準，而謂尚在安全範圍內而疏於防範保護橋基，此一心態最爲可怕，等到不安全時爲時既晚或要花費更多更困難之修補工程費亦未可知，台語：老鼠孔會變圓拱門，細孔那無補大孔來你就知難苦，這二句話就是規勸這種事情要盡早處理之諺言。因此筆者希望政府對於這一次之颱風水害急速急援外，應加重注意造成如此嚴重損害之原因所在，治本治標雙管齊下，能得一勞永逸，應爲天下百姓之福也。

至於砂石採取之問題，筆者觀看這一次之河川災害因爲現在之採砂石工具都機械化，無法控制深度因此應可全面禁採，而政府應儘速調查全省之礫石堆積層之陸上砂石，礦區鼓勵民間業者投資開採，進而可造成宅地等等，方式來加速利用土地以利一石雙鳥。如八卦山之坑溝，火炎山之坑溝，龜山鄉之坑溝等等筆者所了解之陸地砂石礦區就有不少地方可資開採，再者水利局應按各河川集水面積區域計算設計，平常水流斷面及二十年期洪水水位斷面及一百年期之最高洪水水位斷面，將各河川整治浚渫成爲三斷面之河道，並將整治出來之砂石出售做爲整治費用及養護河川費用，至於砂即抽取水庫之堆積砂，一面利用砂，一面浚渫水庫延長水庫壽命。此舉應有兩得，如此做法爲筆者所杜撰，是否可行並無把握！

關子嶺之戀

戴錦秀

在筆者要上公學校的前一年，應是筆者六歲，是民國十六年間的事情。那個時候父親在虎尾街經營碾米工廠及做虎尾街製糖會社的工人供應商（苦力頭），是父親的經濟動態最好的時候，父親約好了三、四個朋友要到關子嶺旅遊，在六十八年前的台灣要去出遊是屬很時尙的事情，哥哥已上小學，弟弟還小，所以筆者得天獨厚被選中，陪伴父親出遊，記得並無其他小孩只筆者一個人。

在虎尾這個小地方長大的筆者要坐上糖廠的小火車，在小孩的心目中就有相當的新鮮感，而且母親給我穿上春節穿的漂亮衣服及新靴時就感覺很神氣。坐上小火車馳往斗南在車上所看到的一切外景與平常所看到的田園景色都感覺宛如在廟會所看到的走馬燈一樣，就一直向父親問東問西，喋喋不休，到達斗南後尙要轉乘大火車往嘉義，這是筆者坐上大火車的第一次，當然那列火車是普通車的三等坐位，但也覺得很舒服。在嘉義下車後需再換乘自動車（公共汽車），因時間的關係，就在嘉義用中餐，因在餐館用餐也是第一次而且覺得很好吃而難以忘懷。往關子嶺的自動車上覺得最特別印象深刻，並在筆者一生中一直懷念不忘的事情就是自動車通過隧道的那一刻，虎尾位於嘉義南平野的中心位置，成長在這個平野中的筆者，在看到山峰樹林及溪谷峻崖，就已產生外面擴闊世界的奇異感覺，及至自動車穿越山壁而過，並聽到父親說「碰空」（隧道）時在小孩的內心深處刻上難忘的記憶，此與日後筆者要考職業學校時塡上土木科的動機應有相當的關聯性。

黃昏時候到達關子嶺，住進一家日式旅館，沐浴在白濁色的溫泉水甚感舒適，吃晚餐後小孩就在大人們的飲酒猜拳聲中睡著了。

翌晨，大人們尚在夢中，小孩獨自一人坐在窗台，眼下小溪溪水潺潺，溪面上罩著朦朧朝霧，溪中有二、三女人在洗濯衣物，小孩一面觀看景色，一面在懷念昨天剛離開的母親，昨天要出遊喜樂之情卻變成心懷母親的苦悶，這種懷念母親的心情一直承接到筆者三年後螟蛉戴家遠離父母身邊的離情羈思融合一體，經久圍繞著筆者一生，此爲後話。

飯後，隨大人們爬上二百四十餘層石階及觀看水火同源等等風景，此一風景卻不隨歲月之流去而消失，反而看到關子嶺之美景被選爲台灣八景之一而增加美麗。再加上電影所看到世界各地溫泉鄉的景色，都不知不覺間融合在一起，織成一幅美麗難忘的景色，而使筆者念念不忘關子嶺的美景。

人的記憶，在上學以前的幼童時期，除了特別印象深刻的事項以外都模糊不清，但關子嶺的印象卻與歲月的延長而相反越逾明顯浮現。日前，筆者參加例行之老同事懇親會，而與闊別六十八年的關子嶺得能久別重逢，一圓久年戀戀不忘之機會。這一群老同事，總共約三十餘人，曾經都是光智商會的職員，光智商會是日據時代與協志商會、榮興商會併列爲台灣人經營的三大營造公司。協志商會爲大同股份有限公司的母公司，光復後轉入電機製造業，而榮興與光智光復後尚經營營造業十數年，但都很難適應戰後的經濟動態而雙雙負傷廢業。筆者是在光復後進入光智公司，專門負責土木工程部份之工地代理人。光智公司董事長爲陳海沙先生，曾經當選第一屆台北市議會議員，爲人勤儉急功好義，施捨鄉里均不後人，後來雖因不能適應急變的社會動態而決定廢業，致公司職員紛紛各奔前程另謀他就，甚至有人創立自己的事業，都有相當之建樹。自董事長逝世，其家屬爲紀念董事長，由遺產中撥出一筆財產做爲基金，設立光智社會事業基金會，因此同事們就發起組織光智同仁懇親會（簡稱光友會）。每年十一月間由基金會撥款招待光友會會友旅遊全島三日，每年的舊曆五月八日董事長的忌日都聚餐懷念，這種集合既十數年之久從不間斷。這種聚餐是非常溫馨感人的，因爲老朋友都有共同的回憶，一起工作的種種經驗，敘舊談心，懷念過去實在也很快樂，因此筆者年年參加。光友會下面尚按當時之服務區域分爲台北班、東港、新竹班，高雄屏東班等三班，筆者屬東港、新竹班，原有十三、四名會友，現已凋謝數位剩下八名，我們這一班每四個月，由會友按照年齡順序，每人輪流主辦一晚二日之島內遊覽，筆者日前參加的懇親會就是這一個集會。

那日是定在嘉義車站下午二時集合再往關子嶺，筆者因公司要務恐無法按時赴約，就先知會會友：若趕不上集合時間，筆者會逕往關子嶺會合。因此，筆者就乘大華航空二時台北飛往嘉義，由機場至市內需乘計程車，及至嘉義客運車站時已三時十分，致需坐上四時二十分發往關子嶺的客運車。又是黃昏時刻，六十八年前之光景是否重現？卻一點印象都沒有。道路是柏油路面，並不是當年之碎石路面，是可預料，但路邊風景卻無法聯想當年的感受。途中經過二道隧道比當年增加一道，因此，道路似有改築。過了隧道，五時三十分就到達關子嶺。

下車佇立路邊，看到一條八公尺寬不到的水溝。左岸是筆者佇立的道路通往山阿，右岸房屋排列不齊為各溫泉旅社，這個景色使筆者茫然，懷念將近七十年的美景一瞬成泡。筆者因職業關係曾經足跡遍佈台灣所有之溫泉鄉，關子嶺是筆者戀戀不忘之地，在尚未再遊關子嶺的美景前，在筆者的腦海中她是台灣一切溫泉鄉最美麗的地方，然今天再見昔日幽美小溪已失去蹤影，變成一條被不規則整修了的大水溝，兩岸都被塡高，造成建築旅社及道路，使筆者無法感受到應有之美感，原來過去的關子嶺的美景是筆者自己編織的幻景並不實在，頓覺清醒而感幻滅。

前年斌兒前往大陸出遊蘇杭一帶，是被張繼所作「楓橋夜泊」那一首七言絕句所吸引，但事實上張繼停泊所在的江，現況只是一條臭水溝，斌兒回來後，感慨的說：「不去，很美，去了，很失望」等語使筆者在這個時候始覺同感。

翌晨，與林進木兄散步到黃朝琴先生所立的石牌「好漢坡」牌邊。回憶當年，追思當年爬上石階的情景。當年嬉嬉爬階的小孩，現已是滿頭白髮的老翁，想爬，恐亦已爬不上的悲哀湧上心頭。

早餐後，雇兩部計程車載會友八人遊水火同源、碧雲寺、大仙岩等名勝，覺得外國的名勝都環境優美，保持清靜、清潔，而我們的觀光點都被攤販亂雜排賣，使人失去觀光的雅興，又感覺失去應有的美感，實在可惜。環遊道路的路面是柏油路，寬度小足夠二部車輛交會，走馬看花遊覽約九十分鐘就全程觀完。

筆者因失去了長久以來的關子嶺美景，宛如失去了什麼地，心中無法釋然而就歸途。

漫談颱風災害

戴錦秀

自七月二十六日之葛樂禮颱風應來未來，而且去年亦沒有太大之颱風致緊接而來的三十日之賀伯颱風警報，一般省民失去警覺性馬耳東風都不在意，電視氣象台一再警告翌三十一日之賀伯颱風是特大颱風，而且挾西南氣流之龐大雨水雲群上陸台灣，因此雨量很大，各地都有豪雨可能，而一再提醒全體省民應注意防颱準備及疏通排水以免積水，低窪地居民應疏開高處以免淹水受害，且應預防舊曆十六日之海水高潮期因潮水高漲，河水亦高漲致無法洩洪，致海水有倒灌之可能等等，政府苦口婆心擬引導省民之以防災害於最少範圍，也因而放颱風假一天，但當天（卅一）白天台北市並無颱風之痕跡應可認爲是颱風前之寧靜動態。入夜六時開始風雨交加確實颱風已到之感覺，電視再次發佈全省除花蓮縣以外之縣市明天再放颱風假一天，連續二天颱風假是未曾有之事情。筆者居處高樓（七樓）北面窗因風勢致自縫隙灌入大量雨水經筆者設法接入水桶，且很快就滿桶，因此筆者就以舊報紙將縫隙塡塞以免爲處理入水而無法就寢，窗已緊密封竣，手電筒亦已購妥備用，筆者就安心入睡了。

一覺醒來先看窗外之社區公園，公園內之綠樹依然蒼蒼並無倒樹狀況，昨夜之強風暴雨似如夢一樣消失在感覺之外，然一開電視機，電視一直報導各地災害狀況。

在報導中聽到阿里山一帶之雨量兩日累積一千九百九十公釐時，筆者確實嚇了一跳，因爲此一數字是民國四十七年之八七大水災降雨量之三倍，因此筆者就警覺到災害會不會超過八七水災？因三十九年前之八七水災將中部地區之堤防、橋樑、道路沖失泰半，如草屯鎮之溪州里全里之家屋沖毀流失，里民及家畜都隨水漂流而去，災害之慘很難形容，政府發行八七水災復興公債，發動兵工修復一切公共工程，期間約二年始恢復舊觀。

因自前（八三）年之「道格」颱風將新竹頭前溪橋沖毀發生災害後，筆者一直擔心河川之砂石若無採取強力之手段禁採，否則業者依合法掩護非法超採濫採進而盜採使河床下降，使橋墩基礎裸露，堤腳浮現，若再發生一次八七水災可能造成更嚴重之損害是明如觀火。因此筆者在本刊數次列文呼籲政府應速禁止高山坡面之開發，禁止種植寒冷蔬菜，停止濫伐趕緊造林，施作水土保護工作，以利涵養水源，盡快開發陸上砂石礦場，禁止採取河川砂石以保護橋樑及堤防以保全省交通之順暢，以免影響國防安全等，筆者之此一憂慮不幸而言中。連日來政府高層人員都出巡檢視賀伯颱風之災害狀況及指示搶救災民，而民意代表即表現其至高無上之太上皇心態直呼要追究行政責任，致司法檢察官都蒞臨實地勘驗災害發生原因，以法律專業人員之立場來辦理工程專業人員，使各級政府工程人員人心惶惶互推責任，而全省之水利專家、地質專家也都同樣檢討災害發生原因等等甚爲熱鬧，然五分鐘熱度若過，什麼事情都忘得一乾二淨是現在社會之一般通病，除直接受害者有難忘之痛外，一般大衆大都難得再去思考防止災害再起之措施。筆者想冰凍三尺非一日之寒，而本次災害，比筆者所預測尙輕，是不幸中之大幸。

早在民國四十五年間老總統蔣公將撤退來台之衆多榮民社會建設，開闢台灣東西向橫貫公路（中橫貫）時，將開闢公路之榮民任意放置山中，並無悉數帶回平地，使部份榮民滯留沿路與原住民通婚或合作耕作，其時政府並無立即取締禁止此一行爲，致使本省一向良好之山地保護政策之政令爲之洞開，門戶已開就象徵著保護山地之藩離已撤，致使山地就會發生被平地人入侵蹂躪之可能。此一山地保護政策之鬆懈爲本省帶來頗大之災害從盜伐森林破壞林相，濫墾耕地，盜挖奇木樹頭，盜採奇石等等行爲大都毀損良好之海綿體水源涵養面層，而且是濫墾致並無施作水土保持工作，將我們賴以生存之環境破壞殆盡，本次賀伯颱風災害之第一原因應列舉政府政策之錯誤爲首凶。就是撤銷入山許可證使一般平地人自由出入山地居住，致原本生活純樸狩獵爲主之原住民生活發生嚴重之變化，狩獵變成商業行爲，耕作農作物亦變爲商業行爲，爲富裕生活之必要就與平地人共同亂墾山坡地種植寒帶農作物等，致被濫墾所發生之赤赤禿禿山頭一旦遭逢大雨就發生崩塌，應爲現在所見之情況也。

現在全省之陸上交通網四方八達，全民都稱讚政府之建設，但道路之發達卻造成公路沿線之超量開發，因而帶來之公害亦非常之大，讀者若有閑，走一趟中橫貫、北橫貫、南橫貫或阿里山公路或各山地鄉之產業道路，就可發現沿路山坡地之開發情形已至有地就無可不耕之地步。而且進入山地之平地人爲生活環境之習性，大都選在河川邊緣之臨水地帶蓋屋居住，因此一旦山洪爆發，首當其衝是爲一定之道理。

天災是天然之災害，為人力所不能抗拒，因此為天災之發生而追究責任，筆者認為多此一舉，若要追究應自政策是否正確，規劃是否改善，筆者前段所述老總統之開闢台灣東西向橫貫公路應為德政，接二連三之全省山地道路之開闢雖將促進台灣之經濟發達，但因開闢山地道路致保護山地之一切禁示洞開，因此此一開發是禍是福見仁見智，此皆為為政者並無全套完善之開發計劃規劃，實為災難之禍首應無疑問。

看啓事即感與本公司之遭遇比較

戴錦秀

最近發生一件非常近似二年前所發生之某營造廠與某市政府之糾紛案，且該案發生至今已二年餘，而最近亦無什麼消息，然與本公司所發生之案情非常相似，且二年前筆者看到該啓事時頗有所感，曾經寫一小文擬發表私見在本刊，但因回想訴訟之事件，第三者可否發表私見去影響當事人雙方之權益及影響司法人員之判斷等考慮之下，遂將稿件壓在箱底下，現在雖不知他們之爭執已如何解決，但本公司現在亦面臨類似事項之發生，因此之故筆者將當時看啓事即感一則與現今發生之事項拿出來比照，檢討筆者之觀點是否合當，特將該文提示給各位讀者賜教甚感榮幸。

兩年前之某報第一版四分之一刊登某營造公司之大篇啓事，因內容對營造公司之經營有頗大之關連，因而筆者非常詳細閱讀該啓事之內容，但經筆者詳讀後，發現很多事項因該營造公司並無適時將應可能發生之一切損失善意通知定作人，致事情發生後對承造人（營造商）喪失應有之立場及應主張之權益，而有非常不利之事情，在定作人之立場或縱有意亦很難設法補救，雖承包人以大型啓事陳情翼望以此挽回所受之一切損失，惟定作人是公家機關公事公辦無法挽回已過去之事實，但因事情確實發生，只是承造人發生當時並無將定作人所做不適合之指令，會演變成巨額之損失之事情善意通知定作人，固而定作人可以免於或無法彌補該損失之事情但對承作人已構成無法彌補之損害等等，今將該啓事約略抄呈逐一檢討之：

某營造公司之緊急陳情啓事：

一、本公司近年來幸標得甲、乙、丙重大工程……

二、甲項工程因左列具體非可歸責於本公司事實，迫使迄今無法全面施工，而應有之補救措施迄今未獲主辦單位合理解決，迫使造成本公司財務週轉困難，導致連鎖影響乙、丙兩項工程之進行：

1.於開工（七十七年八月一日）伊始，投入大量人力、物力、機具設備及所需之週轉金，依據契約工程圖說規定及原本工程結構設計需要，並按發包單位已核准之施工預定進度網狀圖應立即封閉基隆路（自忠孝東路至仁愛路段）進行要徑施工。

2.發包單位在設計規劃之初，已明知工區內原本埋設有各類爲數衆多之管線，拆遷費時且須先完成後，甲項工程之主體工程始能施行。準此理應分爲兩段發包，乃不至延誤主體工程之進行，惜因設計不當，各該管線單位又無法配合拆遷及現場無法施工等問題，主辦單位亦未能適時解決，以致長期延誤主體工程（例如：自來水管 1200m/m 中幹管一項之拆遷即已長達 19.5 個月之久）。

3.在毗鄰台北市政府市政中心工程一側之甲項工程中「信義計劃　號廣場地下停車場工程」係採共同連續壁，依原計劃應行同步開挖，惟因安全理由，主辦單位竟決定甲項本工程暫緩施工，並令新市政中心工程可佔用本工程建地四十米為其施工便道，使本工程無法全面施作。

三、迨至七十九年六月三日依照合約規定封閉基隆路，在此以前可施工部份被迫逆序施工，作輟無常，成本大幅提高，本公司仍不計虧損全力趕辦。

四、七十九年六月三日正式准予封閉基隆路（惟如前述，已被延誤二十三個月）施工，惟基隆路（自忠孝東路至仁愛路段）封閉後，造成台北市東區部分路段交通擁擠，致遭社會輿論非議，大衆媒體報導反映，經主辦單位通案評估考量，鑒於社會成本與民衆對須長期封閉道路，難於通行之無法忍受，頃又於七十九年六月二十日迫令重新開放通車，迄今已逾三十個月以上，而仍無法施作。政府順應輿情，令即重新開放基隆路通車，固屬明快抉擇，爲維政府威信，本公司唯有聽命配合！豈能反抗？惟此令辦，顯已完全違反契約原規畫設計原則與施工順序，造成本公司對主體工程長期無法動工。

五節以下尚有六、七、八、九節等啓事條文，因係無關討論之列特將剖白之。

即第二之2.節所稱衆多管線之拆遷費時乙節，查拆遷衆多管線是否投標前當時無法預知之事項，致發現拆遷費時，因而可能延誤主體工程之進行時，營造廠本身對於如此重大事故，是否呈報發包單位妥善處理？

因拆遷管線之責任係屬承攬人或發包人爲本項事故之重大要件，若屬承攬人即要負全責妥善處理，最多可向發包人要求期限之展延，若屬發包人即承攬人亦需陳述理由呈請發包人妥善處理，則民法第五〇七條定有明文「工作需定作人之行為始能完成者，而定作人不為其行為時，承攬人得定相當期限催告定作人為之。定作人不於前項期限內為其行為者承攬人得解除契約。」以此規定解除契約尚可申請賠償因此而所生之損失。但按該啓事僅提起「設計不當、各該管線單位又無法配合拆遷，主辦單位亦未能適時解決」等情觀之，其拆遷工程之責任似屬承攬人，此點責任之歸屬非常重要，不看契約或施工說明書無法了解。

第二、3.所稱採用共同連續壁，依原計劃應同步開挖，惟因安全理由，主辦單位竟決定……使本工程無法施作。所稱安全理由係那一個單位所述，因該理由侵害承攬人之權益時承攬人是否據理力爭？若同意該安全理由而默認主辦單位之決定，其責自應自負尚能諉過嗎？

第三節所稱係七十七年八月一日開工至七十九年六月三日之期間，基隆路未封閉前逆序施工……不計虧損全力趕辦乙節，證明該公司欠乏法律常識或疏忽而未注意應請發包人應作之事情，不做善意之催辦，致使工程拖延而虧損趕工，如此虧損趕工致危及本身之生機，如此鄉愿做法，緊急陳情要請誰給你幫忙，實在無法了解其心態。

第四節之封閉基隆路及因反映大衆媒體輿論而重新開放通車，致使發包人違反契約原規畫設計原則與施工順序，此項措施不管發包人之決定是否順應輿情，但對承攬人而言其指示既嚴重違反契約，承攬人是否即時將其指示不適當之情事通知發包人，並應通知發包人因此所生之一切損害，請求損害賠償，承攬人不為之即如同放棄一切民法所給與之一切權利。

然本公司今年四月八日，與某國際建設股份有限公司簽訂承攬某大樓新建工程，因該工程事前已發包給某營造股份有限公司，並已申報開工完畢，且棄土證明亦已委由某公司辦理完畢，其費用壹佰餘萬元應向本公司扣回等在案，按該公司之說明，台北市政府申報開工核准完畢其應備資料書件當然均已齊全並辦妥完成，其基地內並已聲明無地下埋設物且建築線之指示訂樁都已核對完竣，且設計圖尺寸與基地尺寸亦已完全正確相符無誤之意思表示甚爲明顯，且本工程開工前應備之臨時水電設施均應由定作人設置等，前述各項均爲投標前業主告知之投標要件，因此預定開工日期定在四月十五日，本公司亦與協力廠商決定四月十五日爲開工日，並約定協力廠商將應用機械齊備待用。

然至四月十五日，台電公司及瓦斯公司均來文表示基地內尚有他們之管線未移，爲恐發生意外申請遷移前請暫勿施工等情前來。且定作人應辦之臨時水電設施亦未施作，最困難之一點就是建築設計平面圖超出基地地界線，無法吻合套入，此爲營造廠商根本無法辦理之事情。

因此本公司四月十五日不能開工乙節請定作人順延而未蒙採納，對臨時水電之設施催辦亦置之不理，對於設計圖不能納入基地內乙節亦無任何表示，且堅持由四月十五日開始起算開工日等，使本公司感覺很難應付，而且本公司之協力廠商以應用之機具設備，係生財器具不能閑置久候未知何時才能開工之工程，因現在六年國建他處有迫切使用之工地無法拖延，否則會造成雙方無謂損失而迫切求去。

本公司亦自四月十五日不能開工起承諾補貼機械閑置費用給協力廠商，但是此項損失是無法長期開支，且協力廠商亦來函表示五月五日以前若再不能開工，他們不得不放棄本項工程之承攬權等情前來，因此之故本公司亦立即去函崔告定作人限於五月五日以前將他們應辦事項速於辦妥以利工展，否則一切後果應由他們自行負責在案，然該公司亦置之不理，致五月十一日本公司始以存證信函正式以民法第五〇七條規定通知解除契約。

至於該公司來函召集五月十三日開會議，結果該公司認爲設計錯誤之更改在近期內無法完成，即近期內無法使本公司施工，因而同意解除契約。爲此營造廠要注意定作人應辦事項若未能如期完成時，應將因而可能發生之一切事情善意通告業主以避免甲、乙雙方爲此而衍生增加之一切損失防止爲最少限度，此爲營造業者不可不愼之所在。

人口問題與二次土地改革問題

戴錦秀

前些日子在報紙上看到我們台灣地區之人口每年約略增加三十萬人，與二十幾年前每年增加四十幾萬相比，似有降低之趨勢，但是若將增加人口以都市計劃查定標準，每人必須擁有地板面積三十平方公尺計算，即每年需增加九百萬平方公尺之樓地板面積之住宅建築物，再將此樓地板面積依第三種住宅用地之容積率標準來計算時，即需四百萬平方公尺之建築第一樓之地面面積，若建蔽率百分之六十即必須六百六十七萬平方公尺之建築基地為建築用地，即台灣地區每年必須耗去六百七十公頃之農地，或宜農山坡地，因此有一天台灣若要考量保留全民之糧食能自給自足之農地，恐要登山入海去覓找建築用地不可之時代。

所以國土計劃之土地使用問題，尚且要考量保衛本地區之軍需用地、工業用地、商業用地、保健「休閒用地」、交通用地、公共衛生設施用地等諸問題之全體考量，筆者懷疑我們政府是否有考量這一問題之嚴重性。

以前蔣夢麟先生曾提出人口之過度膨脹而發起人口節育生產運動，兩個孩子恰恰好之口號，現在因年輕人之斷層而改為優生人口之口號，而取消節育生產之口號。

筆者年輕時適法國之人口節育生產最流行之時代，日本政府批評法國之如此做法，將來因青壯年人口之斷層而必會淪爲三流國家，當時我們被教育認爲世界之五大強國爲日本、英國、美國、法國、義國；德國因第一次世界大戰戰敗而被管制不算強國，蘇聯改制不久尚未被公認爲強國。當時之日本是多產報國之口號，其發動侵略戰爭時，筆者之很多日本友人均被徵召做爲消耗品而被消費掉，因此筆者認爲要擁有可消耗之人口才能發起戰爭，此爲筆者無法忘記之一項事情。

有一次筆者之日本友人被徵召出征，在公共場所之壯行會上笑面滿臉、精高氣爽地表示願爲國家犧牲、爲國盡忠，有如非常喜歡被徵召能有報國之機會之樣，但此爲公開場合之表面動作，在會後單獨與筆者二人談論其出征後之家族之安置問題時，痛恨日本軍閥之侵略戰爭帶給人類之痛苦，及日本人民無法彌補之傷害而放聲大哭，使筆者不知應如何安慰而無法啓齒之一幕。

但是人口量之如何保有才是適當之此一問題，及人口人力之如何調配使用之問題，並不是單獨之戰爭兵力問題，筆者認爲應保持強力之勞動人口（勞動人口並非指勞力人口，應指全民之腦力及勞力人口），國家才能堅強，此爲不爭之事實。此亦爲國土計劃之重要一環，政府是否考量及此——愚人憂天——。

筆者曾於本刊本年二月期至四月期以「談建築容積率之施行及土地政策之修改意見」之小文中將筆者反對施行容積率之理由列舉指摘並一併談論土地政策修改之個人意見，因爲聽說政府要執行第二次之土地改革重新分配全民之經濟結構，使我們之社會更能接近均富之德政，所以筆者列舉第一次土地改革之缺點及這次之改革方針之私見，在前文既有細述在此不再重複（請讀者參考一讀）。

但近日來之報導並不是筆者所想之改革。是如何來徵收課徵增值稅之問題爲主題，而報上卻稱政府以此爲第二次土地改革。但是筆者認爲土地改革應先考量四十年前之第一次土地改革之優缺點，助長補短使全民都能擁有自有土地、自用房屋爲目標，即縮短全民之貧富差距爲絕對要件之使命爲最高目標，使土地之使用發揮最高效益，幫助工商發展所需之土地能夠取得，爲全民利益而所建設之公共建設所需之公共用地之徵收，使有高度之強制性等將全國土地之持有結構全面改革之非常決心不可，因此政府應將改革方針定案向全民說明，取得全民共識如此始能完成二次之土地改革。

土地改革筆者認爲是違反憲法之做法，是將人民財產權擅自強制重新分配之強力措施，第一次改革之成功是台灣人民之順民性格之高度發揮所致，而現在人民自由權利高漲，其財產權之變動不如前次那麼容易，但政府既說要第二次之土地改革，而一意遷就既得利益者或一部份學者之論調而不敢大斧力行是能了解，但這一次之改革應對前次改革之受害地主能有補償，及第一次受利之佃農亦有公平之分配，使大家都能蒙利之土地改革方針，應是政府要執行之所在。

筆者在前文既談現在之「田僑仔」大富翁是以前之佃農，而現在之無產階級之無殼蝸牛族是以前之中小地主及避戰亂而來台之忠貞同胞比較多應不誇詞，然政府既要第二次之土地改革，就應該如何使現在尚未持有自用住宅之大衆得持有自用住宅，即住者有其屋之全民富有之祥和社會爲目的才能說是第二次土地改革。現在政府僅依土地是否應按實際交易價格來課徵增值稅之問題而爭論不休，將漲價歸公之細節做爲二次土地改革之主題，筆者認爲政府本末顚倒，殺雞取卵並不是爲了全民之幸福而所設計之良好政策。

筆者曾謂土地政策之好壞影響國民之幸福甚大，因此爲政者之土地政策之最終目標應該是促進土地之正確使用，而如何才能確保土地之正確使用，在區域計劃法及都市計劃法或其他土地法等很多法律都有明顯之規定，因此政府透過種種法令來消除正當使用之阻礙，同時保障大衆正當使用土地所獲之正當利益，使人民之貧富差距拉近，如此才是第二次土地改革之目的所在。

孫中山先生之漲價歸公理論是非常正確，而我們政府也在實施徵收中，只是徵收之計算基本方式有一點寬鬆，而有一點不太公平之嫌而已，但施行已久若需改革亦應溫和改進方式來進行，實在不可急激改變而使社會動亂，要溫和改革使社會安定應爲首要。何謂漲價歸公，是因爲私人不費任何投資而獲自然增值，或因政府之開闢道路等公共設施致土地自然增值，或因土地分區使用之變更而所產生之差値利益，或都市計劃區域之擴大變更等而所引起之土地使用變更之差價利益，此種差價利益地主並無投資，當然政府可課徵增值稅，但是政府既課徵受益負擔時此項差價利益之計算方式應另當別論，因爲地主既有投資，相應應有投資報酬之回饋，而且每年之地價稅之徵收依筆者之意見亦應列入土地所有人之成本投資之累積計算，如貨幣價值之貶值最爲重要，因此地主之正當利益及差値利益之計算是要有相當大之學問，政府要課徵也要提出公平之計算公式給人民了解。

每年之公告地價之查定按筆者所能了解之做法，即開地價評議委員會請各位評議委員來評定各段之地價，但是大部份評議委員都不知道地價之評議資料，甚且確實地點及實際地價行情，因而無法表示意見，因此均按政府基層人員所訂出之地價盲目承認同意爲公告現值（有得罪各位委員謹請原諒），因此公告現值有遠離實際買賣地價之事情也不是沒有，但實際上土地之買賣價格應受供需平衡之原則所左右，並不是一律不變之問題。

筆者曾謂地價是土地利用之價値如何之一種標價，都市土地之地價應受路線價之左右，即繁榮道路上之土地就比偏僻道路上之土地高價應無疑問，因此每一塊土地之地價，筆者日據時代在辦理時是依照路線價，按照所定公式計算指數並以指數標示其地價，即指數乘其時之價值而取得地價，因此第一次之計算或變更路線價時需重新計算指數外，其指數應屬不變，因此全市區之地價其定位是非常正確。

政府爲了六年國建之龐大開銷而需增加稅收，因而一味調高現值也不是良好辦法，但是按照報上之報導，政府是依土地買賣之實際交易價格來課徵增值稅，但是實際交易價格應如何來查明，這是非常困難之事情，雖然困難但亦有管道可查，是財稅人員之說詞，但是人民之買賣行爲與稅負發生關連時，納稅義務人買賣雙方會拉攏不肖稅務人員上下其手，而依暗盤來處理，此項做法是很明顯一定會發生。財政部部長說他會指派操守很好之人員來把關，但是爲政者最好之辦法是堵塞貪污管道，使之無法下手之機會，部長以本人之操守端正，而推測其部下亦與自己同樣操守之人，是非常危險之想法。

因此，筆者認爲執行困難漏洞太多，操守如何端正都很難抵得住金錢魔鬼之誘惑。因此有辦法之人，即財勢錢勢在握之人與無辦法之市井小市民之稅負是會發生非常不公平之差距，是無法避免之事情，部長說防杜高價低報來逃漏增值稅有相當程度之把握。但依筆者看不是相當程度之把握，是有絕對把握查得到才對，然如此做是爲什麼呢？將一條魚吊在貓兒頸上請他不要盜食，有如米籃挑水不可能。政府本身來製造貪污管道，似將鉤餌放下去在等十地交易雙方及稅務人員，在不注意中上鉤而變成罪犯，如此做法應爲爲政者所不爲。前總統經國先生鑒及於此，曾指示撤銷依實際交易價來課徵增值稅之辦法，通通按照公告地價來課徵，而且公告地價也准各地主自行申報，只規定不得超報公告地價之二成及不得減報公告地價二成爲上下限，依地主自己之意願來做爲公告地價，依此課徵是將漏洞百出之交易實價改爲公告地價之正軌上，即設一條正常軌道給大衆來行走，使之不能脫軌，此爲　經國先生深解「人性之弱點」使大多數人不陷罪之菩薩心腸，應爲老人家德政之一，此爲筆者之感應也。

現在政府突然宣佈採取按實價課增值稅之做法，雖然符合立法之原意，然從前不敢按實課稅，筆者按是有以上之原因存在之故，現在不考慮從前不敢執行之原因，而突然要破壞既有之交易市場狀態，是等於加重土地之成本，對一般大衆來說應不是有利消息，而無屋住民在贊成此一按實課增值稅之政策，筆者無法理解。而且此一做法政府之稅收亦不一定會增加，不如逐年確實調查市價，盡量使公告地價與市場買賣價額接近，使增值稅及地價稅溫和增加，不僅可使國內地價飆風逐漸降低，亦可使公告地價與實際現值逐漸接近，筆者認爲如此做法應爲上策。

筆者前些日子在興建中之大樓之鄰接地有一筆二百餘坪之土地，聽說要出售，筆者認爲若能購入一併合建，對大樓整體是非常有利，因而拜訪過地主洽談買賣事情。而地主是受第一次土地改革由佃農變爲地主之受益者，其擁有土地陸續變賣既是一位數億元之大富翁，僅這一塊地就開價每坪一百萬元，總計貳億餘元，且土地增值稅應由買方負擔爲條件，雖然談不妥而作罷，其實那附近之土地在民國六十二、三年時，每坪一、二〇〇元，漲價一千倍。

日前往汐止洽談一塊土地，在民國五十年筆者幫王永慶先生之新茂木業公司洽購蓄木池之土地時（地目池）每甲五萬元，現在同一地段之土地（地自田，但土地分區爲住宅用地）每坪開價二十萬元，相差一萬二千倍，且增值稅亦由買者負擔爲條件，其差價利益應如何計算才算公平合理，筆者無法記述。

現在在台灣社會上流行一句「田僑仔」就是這一類，因以前之佃農變成富翁，與華僑之名媲美之代名詞，因此土地之飆風是因大財團之炒作始發生的嗎？太多太多之土地尙是握在以前之佃農，現在之「土」地主之手上，以前之地主現在均淪入無產階級，絕不是過份之誇詞，現在大財團所擁有之土地亦是從前未飆風以前之低價位時所掌握之土地，現在既是高價位之地價時代說要炒作談何容易。實在是不可能之事情，因爲每一筆土地動輒數億，以前例土地地來比喻時若買賣成立，買主之購買費用只按銀行利率來計算時，每月就要新台幣二百餘萬元，一年約三千萬元，待大樓三年後蓋好時，利息之累積既達一億元，所以說要投機炒作土地是無利可圖之事情。

筆者一直主張建築商人之行爲爲純然之商業行爲，應以賺錢爲目的，因此不能賺錢之買賣是不會成立，俗語說「殺頭生意有人做，賠賤生意沒人做」之道理。很多人都說土地爲大財團所壟斷，如何使大財團所持有之土地盡早低價放出，此爲政府應做之事情，因此製造風聲要加重增值稅，使地主放出土地應該是無可厚非，但是若事實要按實際交易價來課徵增值稅在現階段實在不宜。

筆者將前二項買賣不成之例子引用在此，是要說明每位地主所開出來之價格，對這一塊地之成本立即構成要件，交易價格如何及課徵稅捐多少，立即反應在這一筆地及地上建物之價格，當然建商將增加之價額轉嫁于購屋者，因此建築完成後之商品即房屋，若成本過高不合一般市場價格而且無利可圖時，此項買賣是不會成立，因此政府擬以實際交易價格來課徵增值稅擬增加稅收，恐適得其反，因增加土地成本致買賣萎縮而無稅可收。

昨日（八月三十日），聯合晚報記載爲徹底解決國內土地問題，經建會經研處處長李高朝先生及東吳大學經研所所長侯家駒先生在「提振投資意願，共享經建繁榮」座談會上認爲土地、人力、環保等問題是提振投資意願有待解決之問題，兩位同時提出「非農業土地國有化」之前進想法，因建廠用地一公頃動輒上億元，這些都是廠商外移之重要因素等情來立論。

雖然筆者感覺如此做法非常極端，但依此可知道台灣土地既高漲到無法理喻之程度。

因此筆者將自己想法描述如下：政府在市區內要造一條開放型道路，將這一條道路及兩邊之接續地劃爲土地重劃地區，被道路用地所占地主也可按比例分回一部份，分享因道路開闢而所造成之利益，而兩邊地主亦按照比例縮減其超量利益，而且可將築造道路經費由地主捐出替費地來拍賣收入來彌補。台北市中山北路復興橋至第五分局這一段是如此造成。現在舊市區之社區開發，全省都在施行土地重劃，日據時代之全銜爲「都市計劃事業土地區劃整理」新市鎮之開闢也可應用。現在之台中港之清水、梧棲、沙鹿三鄉鎮曾以新高港工業都市之名稱，由總督府（省政府）直接施工，因日本戰敗而中止，如此有例可循，爲何政府捨棄良好法令而不應用。至於工業用地應在工業區取得，但應由政府規劃不影響農業政策之用地來開發低價供應，實不必極端到非農地均收歸國有之必要。

封閉型之道路在交流道附近亦可劃一地區來施行特定區之土地重劃，促成附近之繁榮及彌補部份施工費。以上之作爲均變更土地之利用價值，使土地之單價增值，因此舊地主收回土地面積減少但是價值大增，因此在大增之地價以土地面積來收回，做爲漲價歸公之作法是比較溫和且大衆都受益，且將國民住宅之興建業務來相配合，即人人都有屋住之遠景不是很近了嗎？財政部說外界對按實際交易價格課徵增值稅之做法批評雖多，但是沒有人可以提出解決之方法來解決現行按公告現值課稅之土地投機、漲價不能歸公、所得分配不均等不公平不合理之問題，因而一意要推行之意向是否公道，應等時間來證明以外別無他途。

老人痴話之人口問題與第二次土地改革問題，原在上段已結束，但九月七日聯合報報導按實價課稅方案受到部份中常委、大企業和財經學者之強烈質疑和反彈下終於出現政策大轉彎，轉回到原點之報導，使筆者感慨我道不孤之感覺，但細讀詳論都在攻擊內政部是受財團壓力，因而妥協之推測報導謂內政部提出折衷方案是走回頭路，但筆者無法了解內政部及財政部關於增值稅之課徵方法差異在那裡？

內政部為土地政策之主管機關，政策上只要指示課徵增值稅，其課徵方法、計算方式是財政部賦稅署之技術問題，筆者認為增值稅之課徵是天公地道全民都贊成，而且也在徵收，僅其計算公式基本基數很難設定而感覺不公道而已，如何才能算公道呢！

很難！因為筆者認為地價是土地利用價值如何之一種標價，因此同一宗土地在所有權人某甲之手中及某乙之手中，因運用之不同而發生價值之變動，原地主無法運用，而買主認為有利可圖始會發生買賣行為。當然「供需平衡」原則亦可左右價值之定位，因此實際交易價格徵收增值稅之理念是符合漲價歸公之精神，但如何計算原所有權人之正當利益及其差價利益來課徵增值稅才算公道呢！正當利益及差價利益就是稅率之問題，因此漲價歸公稅率定在六十％，但是基本基數依公告地價為原則是一種無法計算之公式定出來之計算公式，筆者舉幾個例來說明如下：

第一例：台中舊魚市場場地出售之低價及標價，因魚市場之遷移而將舊魚市場場地出標，定低價為每坪一百三十餘萬元而無人問津，致使降價二次亦無法出售且因新購入之新市場之土地是貸款購入，既無錢可繳息之動態，爲此找來某財團議價以每坪壹百零玖萬元成交，其增值稅之課徵基數是公告地價或實際交易價，外人無法得知，但是影響所及就是附近地價即依舊魚市場地價每坪壹佰壹拾萬元做爲買賣之標準。因此筆者認爲公告地價與如此明顯之市價若有差異時，政府應可馬上調整其附近及影響所及地段之一切公告地價，應修改增值稅徵收條例使政府有如此彈性規定之做法，不是現在之一年一次始可修改之規定。如此使公告地價與市價接近，就沒有交易實價與公告地價嚴重差異之事情發生。又有民間地主往往會將增值稅推給買主以賣清爲要件而使買主無法接受，前例所述談不妥之買賣就是這個原因，這就是民間地主對於增值稅是地主應繳之義務乙節尙不太明瞭所在。

第二例：據報導三芝鄉之某老人將其所有一宗土地一千餘坪出售，總價爲一千七百餘萬元，在過戶時發現要繳增值稅一千五百餘萬元，等於土地白白送給人家，因而反悔不賣而發生訴訟，結果敗訴需要過戶給買主，而買主要負擔增值稅一千五百餘萬元中之六百萬元而結案，因此賣主以不知要繳多少增值稅，因而以賣清爲要件也不無道理。

以上二例是筆者擬說明公告地價是政府要課地價稅及課增值稅即漲價歸公之一個計算基數而已，無需絕對要符合實際市價不可理由，既定有計算公式對大衆來說就是人人平等，這不是很公平嗎？但是公告地價愈接近市價愈理想應無疑問。

筆者再次強調徵收增值稅並不是第二次土地改革，只是如何改善課稅方式使政府之稅收增加，而且符合漲價歸公、平均地權之理想，亦符合社會公平和正義而已。爲增加稅收籌集公共工程費用辦法非常多，但必須充份考量民意之歸趨，注重法令規定之可行性，捨棄本位主義不可逞一時之快，應總體考量政府立場來處理一切事務，不要以漲價歸公之計算方式來欺騙社會大衆，謂爲二次土地改革，實在可悲也可歎。

地價之計算有一定之公式可循，將全區之土地地價以公式計算並依指數來標示，即每一筆土地之指數因立地條件之差異而指數不同，但是同一指數標準，因此其中有一筆土地確定市價即另外全區之土地之市價按類推就約略可決定。在這裡爲政者必須考量　經國先生之二成上下限之彈性做法之原始精神來決定公告地價之定位。

如此就變成公告地價就是市價，市價就是公告地價，當然地價指數之計算公式各國都有一套，我國有無筆者不知，但是五十年前筆者有一套，現在不知去向了。

綜合以上所述，筆者所希望之第二次土地改革是對全國之土地持有重新分配，造成「住者有其屋」之均富祥和社會爲最高目標，儘量化解土地持有不均之問題，因此政府應有強大之執行力之法源來推行擴大舊市鎮或造成新市鎮，利用區段徵收或土地重劃方式，由政府來造成廉價建地，提供給無自有住宅地之人民承購，或配合國民住宅興建計劃之建築用地等方法，或者硬性規定閑置之國有財產局之土地及國營事業單位之閒置土地應釋放等法源，對人民之需求擴大供應，使供需平衡原則之供面大增，需面漸減，地價自然下降，造福人群以此爲甚，區區增值稅之徵收之技術問題應不是第二次土地改革之主題，希望一般大衆不要被誤導而失去主題，筆者是如此想法。

寫到這裡，筆者內心非常不安，未知得罪多少人員都不自知之感覺，因此有一句話「童言無忌、老人痴話」敬請各大方之士，原諒本老人無心之過，謝謝。

如何做一個成功的經營者

戴錦秀

要做爲一個成功之經營者，其基本條件應在日常就比他人加倍努力工作，經常要注意如何減少間接費之開支，如何提高生產能力，以利減低成本爲要念，且對公司員工之待遇要使之與一般社會同等之待遇，而將利益保留在公司，保持公司在無論如何之情況之下，尚可能有力爭上游之強有力之體質，如此雖爲常識，但要實現執行是非常困難之事情，要將此項理念執行實現是需要相當堅強之意志力及擁有經營哲學之學識，並能把握透視時代潮流之洞察力爲基礎，且尚需有堅強之實行力之人，若無如此是無法成功。

而且經營者應以少數精銳之經營法來推行一切業務是最爲理想，即以少數人能完成高業績是增加利益之最大捷徑其理甚明，如何使公司人員感覺公司對其信賴使其自動自覺增加其作業能力，使其感覺工作業績之成長係其本人之一種榮譽，全心全力發揮爲公司工作。而經營者必須要時時刻刻，注意到員工之工作環境是否良善，工作情況是否合理化、機械化，盡量使員工之工作情操能快樂工作爲目標，機械能工作之事不必要用人來工作，女子能做之事不必由男人來工作，一個人能做之事不必由四、五人來浪費，因爲一般人都因減少工作人員就會自然感覺自己責任之重大，就會伸展個人能力，對於工作就會感覺成就感、榮譽感，而會加倍努力，因此少數精銳之意思，並不是集合少數精銳之士來工作，是減少工作人員，使少數之工作人員自然變成精銳之士之意思。經營者若能把握上述情況來推行公司業務應爲成功要訣。

去年八月初營業部陳某離職時，本公司小島副總經理對筆者感慨的說「爲什麼我們公司之員工說離開就離開，一點情份都不留下來，前幾天公司還特別嘉勉其努力，昇遷爲課長及加薪，這個現象在我們日本就不會發生，而且我們公司對他們之福利及薪水都比別家公司良好，其理由何在？我實在不懂？」因陳員自立回金門獨立經營建設公司，因此筆者答稱每五位台灣成人中，其中一定有一位是董事長或老闆，這是某雜誌調查所得之報告，因功利主義大行其道，因此人人都想發財，於是台灣的公司比比皆是，董事長老闆之多，如恆河沙數恐怕是世界第一吧！

日前在日本去世之達見清隆先生之太太，在達見先生駐在台灣二年餘，日本國土開發公司本社僅准她來台探望先生一次是一個星期，其間達見先生只奉准回鄉探妻子二次，平均每年只有一次會面之機會，如此比被關在獄中還不自由之日本上班族之生活動態，及其對公司規定之遵守及對公司之死忠之表現心態，實在使人非常感動，而且極少有無端叛離與另立門戶之事情發生，因他們只要勤勉努力工作，公司制度上給員工之福利及地位昇遷之公正、公平、公開，受全部員工之信服與愛戴，員工與經營者結爲一體爲公司之前途大家一起奮鬥之精神，爲日本爭得世界第一之經濟強國之美譽，此乃日本工商界有著一群高瞻遠矚、胸襟曠達、慷慨大方、關愛部屬之經營者與一群對公司死忠之員工結合在一起之故。

反觀我們，筆者曾經說過「以前之人是感謝公司，是我之衣食父母，教我、養我，現在之人，是我在提供勞力、能力、賺我自己的錢。」如此想法之差違，使社會發生無愛、無情感、充滿拜金主義，使我們社會失去融和情懷，因此之故要做爲一個成功之經營者：第一要誠實、不可撒謊、不可言而無信，最怕是無意中之失信會使員工對經營者之形象發生嚴重損傷，因誠實是做人之基本條件，因此筆者必舉誠實爲經營者之第一要件，但是爲何筆者特別列舉經營者特別要注意無意中之失信，因經營者之言行是全體員工之榜樣，在雜談中之承諾往往會忘記，若變成第三者訴求之目的，致不能不履行此項無意中之諾言是非常痛苦之事情。

第二要公正公平，昇遷加薪不可偏私，否則有正義感有實力之員工必另擇公司紛紛求去，因此經營者必需注意員工之工作能力及工作效率，嚴密查核各該員之工作成績，而按成績來裁定昇遷加薪，賞罰分明，有賞無罰亦有失公平，因此罰亦是經營者保持公平之行爲之一，不可怕受怨恨就不罰而使員工失去奮鬥精神。

第三要信任部屬，尊重部屬要使每一位部屬都能盡量發揮其才能，使每個員工都有獨立奮鬥之精神，使每一個員工感覺公司之成長是他個人之成長，使其感覺有成就感既如前段所述。

第四、做爲一個經營者應有智慧使用能力高強又野心勃勃之屬下，雖然這一類人才是很難駕馴，若能善用這類人才無異如虎添翼，分配重要工作給他，多讚美他、讚譽他爲公司之重要人才，將其野心導向爲公司所用，但須注意過份之讚譽會變成非他莫屬之獨夫心態，即變爲必須掃蕩之障礙，就變爲得不償失了，本公司既有此例實在非常可惜，有一類人才是默默工作，所以不太耀眼，但經營者應有洞察人才之能力，發掘這一類人才來發揮其才能，此種發掘人才之能力經營者亦必須俱備。

第五、經營者必須注意公司之虛胖現象，即防止虛位人員之增加，因經營公司往往會發生大公司之架式發生虛位人員之增加，此與前段所述之少數精銳之經營法背道而馳，要減少間接開支，必須節儉，平常時之交際費、旅費及交通費經營者皆要注意有無浪費之事情，因爲上項浪費與公司之虛胖及大公司之架式有關，經營者應特別留心，此爲筆者觀看米良輝麿先生之「如何做好工地主任」專欄系列報導有感而所執筆之經營者應該如此之報導，若能供公司上層人員之參考，甚感榮幸。

走馬看花——遊香港、深圳

戴錦秀

醒來，無意識地先看窗外，外面一片黑暗，不知昨夜的雨停了沒？看錶是五時五十分，昨日與林經理約定六時三十分在巷口會合，一想到時間剛好，我就起床了。

再詳細看，外面是沒有下雨；但是，黑雲低垂，天氣尚不會放晴的樣子。老伴同芬兒昨夜就住在珠兒家，而飛機是十時正起飛，因此，時間是十分充足。但是，女人出門常會拖延化妝，為防萬一，我就先打電話到珠兒家，珠兒既已起床，他們亦正在準備，我就安心地做早課，不一會兒電話鈴響，人正在如廁，不能走開，正在著急，駱太太跑出來聽了，是林經理打來的。要帶往旅行的行李，昨夜已經準備妥當，因此，很快就到巷口，會合林經理馳往和平東路，路上行人車輛尚稀少，與老伴會齊後，就直駛桃園機場。

今天是清明節連休的第一天，林經理尚要安排小島副總經理去打高爾夫球，因此，一到機場，立刻就回台北，時間大約是八時十五分。我們一行，等芬兒辦完機位登記及寄送行李後，四個人就往餐廳用早餐，飛機於十時二十分起飛，慢了二十分鐘，一上天空，四圍是微弱陽光照射著，香港是不是好天氣？這樣想著，腦海裡既先馳往香港了。

香港為廣東省珠江江口的一個小島，西元一八四一年即清道光二十一年，因鴉片戰爭以賠償戰債，割讓給英國；與西元一八九五年因甲午戰爭以賠償戰債，割讓給日本的台灣一樣，同是被祖國割讓給外國的我國領土。

台灣因第二次世界大戰之結束，日本之投降，而被我國收回，然因國共分爭，再次被分割爲兩種不同體制的政治主權下生活，而香港經英國銳意經營，成爲英國在遠東的海軍根據地及東方貿易中心。

香港島因容納不下英國的經營發展，再向我國租借九龍半島、新界、以及附近大大小小二百三十五個小島，總面積一、〇四五平方公里，約台灣三六、〇〇〇平方公里之三十五分之一；人口香港爲五八〇萬人，約爲台灣二、〇六〇萬人之百分之二十八，以此計算人口密度，即香港一平方公里五、五五〇人，台灣五七二人，即居住人口之密度，香港是台灣的九・七倍，眞是非常稠密。

但是若以單一城市來比較時，台北市爲一〇、〇〇七，高雄爲九、〇二八人，即香港就比這兩城市比較鬆，約爲一半密度，與台中市之四六六一人大約相若。在筆者腦海中的香港，完全是電影或各種資訊所給的印象，即東方明珠之美譽以及貿易經濟亦屬東方四小龍之一。在一九八五年五月二十七日起生效之中（大陸）英政府關於其香港問題之聯合聲明，香港將於一九九七年七月一日起成爲中國（大陸）政府之特別行政區，且經中國大陸政權聲明保證以一國兩制來治理，且五十年間絕不變更現在的自由經濟體制及自由政治體制；除此之外，實一無所知。

此次的旅程很短——香港兩夜，深圳兩夜，在未上路之前，就有走馬看花的心理準備，但是要去大陸，雖然僅到深圳——大陸的一個小地方，但是依然有一種棄兒回娘家的心情。吃完飛機上給我們的點心，不一會就看到香港，雖然其大樓林立的景象，與想像中的景象相同，但是看到處處綠色樹林，這眞是想像之外，因而有香港之自然景色不錯的良好印象。

出機場，計程車按序排班，由數位警察在指揮，很有規矩，我們下榻的旅社為銅鑼灣的新國泰酒店，大概屬於舊市區，建築物老舊，價錢便宜，招待亦不能入流，服務生面無笑容，且都不理不採之樣子。號稱每年觀光客六百萬超過當地居住人口之香港，應有一套吸引旅客之特別魅力才對，然事實與宣傳感覺有天淵之別，但是抱著既來之即安之的心理住下，準備停當，大家就決定到街上逛一逛。

接著，我們去逛有名的太古廣場，附近高樓林立，型態新銳，與銅鑼灣相比，有如台北的延平北路與東區之別，樓層大約都在四十層左右，地少人衆，應該如此，台灣所實行的容積率，到此再次痛切感覺應該修改之必要。一面欣賞外景，一面進入屋內，百貨商品都是外國貨，遊至地下室，中庭有音樂家在彈琴，旁邊都是餐廳，我們就進入北京樓用膳。餐畢，老伴說要買東西，逛了二、三家，商店都要打烊了，才晚上八時正。到了外面想要乘計程車，逛來逛去都叫不到計程車，才發覺他們的計程車有一定的乘車處，這個規矩很好，可惜我們沒有看到路標指示牌。

第二天，天旣晴，我們就乘坐計程車往訪中文大學的陳教授，承蒙陳先生的好意，由他親自開車，招待我們參觀中文大學校區，校區位於新界，沙田往深圳的半路山上，占地約一百餘公頃，有逸夫書院、聯合書院、新亞書院、崇德書院等四個書院，校區內，樹木雅行修剪整齊，教室、學生宿舍，點綴其間，隔離繁雜市區，甚爲逸靜。校區的校門有兩處，一爲我們進去之大門，另一爲崇德書院之大門。然後，我們由崇德書院大門出校區，馳往沙田新城市廣場去參觀。因爲這一廣場是鐵路車站與商店街聯合開發之典型廣場，占地約二公頃餘，可惜只走馬看花地在人山人海中穿梭一遍，並無深入了解。

下午兩點，我們一行四人就雇用旅遊公司的遊覽車，遍遊香港、九龍的各名勝古蹟。除沒有到新界及大嶼島外，太平山上，淺水灣等地，我們都曾下車瀏覽風光。比喻淺水灣大酒店的連棟大樓，卻在中間開天窗。根據導遊說：「是因青龍下水之通路，被該排建築物拆斷，致青龍作怪，使業主的營業無法發達，因此業主遵地理師之進言，將通路拆開，使青龍自由進出，以後該酒店生意即非常興旺。再比喻，由太平山下山途中，在山腰上有一棟中國形式之二樓建築，非常雅緻優美。導遊說這棟房屋叫做四季屋，主人有四位太太號稱春夏秋冬，非常美麗。但是屋主未到四十就去世了，俗諺說：「熱粥損菜、水查某囝損子婿。」一點不錯。

第三天深圳旅遊公司按時到達，迅即馳往深圳。經中文大學山腳、往大埔、粉嶺這一段公路，具有高速公路標準。但自粉嶺過安樂山工業區，就進入縣道級標準路面，路面凹凸不齊，且天氣亦已變壞，下起雨來。出發一個鐘頭後，到達沙頭角海關，辦完進入大陸之手續後，感覺並無嚴格之檢查就過關，有一點意外之感。人已進入大陸，日所帶外匯劵僅壹仟元，恐不夠使用，筆者就將美金換成外匯劵；這一交換，變成非常不便；因深圳都使用港幣，不收外匯劵，使筆者感覺，國家主權被侵害之感，這一心情一時很難消滅。香港來的司機在此處換成大陸司機及導遊陳柳紅小姐。

陳小姐美麗而健談，立即介紹深圳，謂深圳是一九八〇年被規劃爲經濟特區，面積爲三二七·五平方公里，現住人口二佰餘萬人，但是，永久居住人口爲三十萬人，剩餘人口爲一年換領一次之漸住人口及一月換領一次之臨時居住人口。若購買國營房屋入住時，就可換領永久居住權。住在台灣，過慣人民有自由居住權之筆者，很難理解這種制度。

到了深圳陽光酒店，陳小姐就回去了。酒店位於嘉賓路，是深圳中心區，周圍都在大興建築，樓高三、四十層；離酒店不遠，有一座國際貿易中心大樓，正對面是樓高四十三層之華聯大酒店，現正在裝潢趕工中，這位造形奇特，極具現代感之高層建築，係由圓形之主樓，連絡後面之方形副樓。據筆者了解此大樓是大陸當局委託美國建築設計師花了六年時間來完成結構體及外觀，本來之用途規劃爲銀行在內之商務大樓，但鑒於近年來台商一波又一波湧入，爲接待這些台灣嬌客及吸收台資之必要與香港太陽集團合作，改爲經營酒店，我們在這裡照相留念，依例表示孫悟空到此一遊。

第四天雨愈下愈大，但亦按照行程往中國民俗文化村，本來預定欣賞各族之表演活動，但是因爲下雨而停演，最精彩之節目既被取消，我們有一點失望，因風雨交加，我們到風雨橋避雨，大家全身都濕透了，只好匆匆結束參觀。午後，再往深圳小人國錦繡中華實景縮影區參觀，該區與民俗文化村毗鄰，據說是目前世界上面積最大的實景縮景區，我們包車遊玩，忽得一詩：「乍晴乍雨雨紛紛，車過深南路上吟，寸刻遊玩神州地，瞬時觀完民俗村。」第五天上午往仙湖植物園遊仙湖，據陳小姐說：「傳說觀音路過此地，觀看山景美麗，景色甚佳，但可惜尚缺一水池，來增添美景，就將瓶中甘露滴下一滴，變爲湖池，此爲仙湖之來歷。」仙湖山上有座佛寺，在文化大革命時被拆除，現在重新蓋建，尚未完工，規模不小；湖邊植物有竹區，棕櫚區等分爲很多區，遊客不少，湖上亦有人在搖駛鵝形舟，又作一詩：「翠綠肚竹微風搖，雪白鵝舟湖上漂，山上佛寺峥聳立，觀音回鄉看仙湖。（老伴年輕時鄰居都稱讚爲觀音。）」

中餐，馳往東湖公園內之水庫山莊，本山莊依山傍水，花木蔥蘢、幽靜雅穆，具有園林情調，眞是陶情養性之勝地。但是，水庫之水是供應香港之食用水，應屬環境保護區，在此設置酒家，看而適當，實爲不妥。餐後，往市內長安大廈秦始皇兵馬俑展覽館，觀看兵馬俑之仿照品，並購買土產。然後馳離深圳，在沙頭角海關與三天來辛苦陪伴之陳小姐依依不捨告別；改由香港司機接回啓德機場，半夜回到家中。有詩一首紀念此行：「晨間遊仙湖，正午看秦俑，黃昏辭香江，晚上在家中。」

大腸憩室炎症與急性闌尾炎

戴錦秀

在平常之生活習慣裡筆者非常注重排泄之暢通，因便秘會引發內外痔症之原因，而且筆者自前年發生心肌梗塞而入院，承蒙台中榮總心臟科陳主任之調治，出院時特別交待要保持大便之暢通，若因便秘而使勁解便而影響心臟之負荷致使血管破裂，會發生嚴重之後果，所以每天就寢前必須吃兩粒解便藥，最初筆者遵守醫生之吩咐吃藥，經久解便暢通後來藥亦吃完，一切順暢就不吃了。

五月二十日早上發生解便不通，似有便秘之狀態，至下午下腹部隱隱作痛，若激動時會發生激痛，不動就不痛，因此下班時請林經理送我回家。

因腹痛不止，晚餐就中止不吃，因早上大便不順，因而先入廁解便，雖然頗使用力，且用力更加腹痛，但是解出很多頗感爽快，但是腹痛如舊，不動不痛，因此筆者就靜靜睡著了。翌早一起不感腹痛，再次解便尚有小量，趕快早浴，要出門時再次發生腹痛，走路都要非常小心慢行，否則馬上就會激痛起來，昌兒看我不太舒服，就一直催我就醫，而實在也忍耐不住隱隱作痛之苦，就請黃秘書掛號台北長庚醫院之門診了。

郭佑啓醫師一診斷就斷定是盲腸炎，馬上要筆者往急診室觀察待檢，筆者自上午九時至下午三時在急診室經過數位醫師之檢診，其間抽血兩次，一次爲檢驗白血球，一次不知道是檢查什麼？結果醫師說：因林口的醫師比較高明，請轉往林口再檢，而被轉送林口院，在林口院陳晃洋醫師診斷說是很明顯之急性盲腸炎，既經過三十小時，因此今夜若不開刀恐會破裂發生腹膜炎之危險，且林口院並無病床，因此不能開刀，請我們馬上轉院開刀，此時已是晚上八時左右，情勢似乎很緊急，昌兒焦急萬分，不久，斌兒、芬兒都來了，轉院實在麻煩，因此想到就職於林口院泌尿科之孫侄張信忠醫師，所以馬上連絡阿忠前來幫忙。

九時左右，阿忠也來了，阿忠亦爲筆者診斷，他說：好像是盲腸炎，但是確率在八十%，二十%是另外之病症也不一定，沒有開刀是很難斷定，因切除盲腸是有利無害，所以假使不是盲腸炎，開刀處理也是比較安全。他這麼一說，另外之病症是什麼？筆者當時聽不出他言外之意，就請他快去安排病床。

其實筆者當時所想的是千野小姐之遭遇也，因千野小姐亦因肚子痛，在日本就醫，日本之醫師診斷爲普通胃病而開藥。千野小姐來台後，一直肚子痛，而隱忍休息，經吳春美小姐催促就診，國泰醫院始診斷爲急性盲腸炎，且在破裂邊緣，差一點就發生生命危險，這一幕情景在腦海裡迴旋不去。

阿忠離開了一會回來說：借到心臟外科之空病床。於是決定是夜一時（即二十二日早上一時）開刀，開刀時是半身麻醉，開刀處用布遮著看不到，但一切操作筆者都很明瞭，二時正開刀完畢，孫侄兒一直陪我至開刀完畢，要送出開刀房時悄悄地對我說：二叔公，不是盲腸炎是憩室炎。

憩室炎是什麼？我是第一次聽到。送出開刀房休息室後，因一切順利平安，昌兒命老駱與芬兒留下來看護外，其他的人都回家休息。

但是自開刀以來國開、憶興、三福等同事每日前來探病，病房內似花市，筆者沐浴在各位同仁之溫馨情感友愛之下快速恢復，遠在澳洲之良光孫兒也來電慰問，老伴和珠兒、鑫兒夫婦都來了，大家都怕高年歲才開刀，體力負荷是否能承受得來，並埋怨醫師之誤診而白割一刀。

是否誤診？因事先孫侄子給我既有暗示，因此認爲一樣之誤診，千野小姐比我嚴重，她之誤診會出人命，我之誤診僅是白割一刀而已，以此想法來自己安慰自己。

開刀後，小便不通，膀胱膨脹已達無法忍受之程度非常痛苦，因此數次拜託住院醫師前來通尿，但都說「等一下」而置之不理，至筆者發脾氣說：患者痛死了，你們也不管嗎？始前來通尿一次排出九百五十CC，這一天就是排尿困苦，通尿三次均在六百五十CC上下。

五月二十九日拆線，三十日回台中療養，六月十日回林口院回診並上班。十六日在大成報家庭保健網看到中華醫院胃腸科譚健民醫師之一篇「善於僞裝的大腸憩室」之文章，因該文頗詳細記述大腸憩室炎之病況，且非常有助一般大衆之醫學常識，因此特別抄錄如下謹請譚醫師原諒。

善於僞裝的大腸憩室——由於腸管壁受到某些因素的影響而變得較爲薄弱，又再加上管腔內之壓力增加時，而使得腸壁向外突出造成一囊袋形狀，而謂之「憩室」。

「憩室」可發生在腸道的任何部位，但以發生在乙狀結腸處較多。通常大腸憩室在四十歲以上的人口群漸漸增加，而六十五歲以上的老年人大約有一半左右被發現有大腸憩室。平時憩室並無任何症狀，但假若食物殘渣滲入憩室內，便會引起炎症而出現腹痛；某些則因解血便才去檢查而被診斷爲大腸憩室；極少數則因憩室穿孔，而需要緊急剖腹切除治療；少數憩室則會與鄰近器官形成瘻管，而互相交通，並以其他器官的病變被發現出來。有的憩室會造成腸阻塞而被誤認爲腸道腫瘤。

西方人憩室大部份發生在左側大腸；而東方人則常發生在右側大腸，如升結腸或盲腸部位；因此，當憩室發炎時，其臨床表徵就好像「急性闌尾炎」。由此可知憩室的臨床表徵千變萬化。罹患大腸憩室的病患，常常主訴便秘的習慣；而便秘本身更加重憩室炎的發生；此類病患往往有下腹部隱痛症狀，尤其在大便用力時，更會加重腹痛的症狀；極少數病患可能出現發燒畏寒，甚至嘔吐、腹瀉等腸胃炎之症狀。

大腸憩室在一般是採用內科療法，例如改善便秘的習慣或在急性發作時服用抗生素以爲治療；平常則鼓勵病患服用高纖維食物，並且儘量避免服食某些容易產氣的食物，如豆類或豆製品、蘿蔔、玉米、馬鈴薯、地瓜、包心菜，以及洋蔥等等。

回憶大甲溪、隘寮溪、立霧溪

戴錦秀

筆者之生時年月爲民國十一年一月十五日，應爲民國辛酉年臘月念壹日，因此以台灣風俗，筆者今年之年齡如果按農曆舊風俗算，是七十二歲。若按國曆照現代人之滿歲法計算，即剛滿七十歲過拾個月多幾天。

而筆者自前年起就一直以七十感言來寫文章，而寫了前後三年，尚且依然是七十歲之數，彷彿像寫都寫不完的奇蹟發生，前後三年都可稱爲七十歲，好像就是長生不老之感覺，因此在本年八月就將人生七十感言改爲老人痴話。

本稿既標題爲回憶，我就先來回憶自己本身吧！

人在辭海裡記載爲最高等而有知識的動物，是屬於靈長類中之人類；但是有人謂人類是猿猴之類進化而來，因此將所發現之原始人類稱爲猿人，如爪哇猿人、北京猿人、海德爾猿人等等。但筆者認爲人就是靈長類中之人類，絕對不是猿猴類之進化動物，假使是猿猴類之進化而來，即現在應沒有猿猴類這一類群動物才對。因此，筆者認爲人類就是人類，在進化過程中，雖如猿猴類之同樣生活動態，但生活動態相同，亦不能認爲是猿猴類之進化動物，因此，人應是最高等而有知識的動物無誤。

現在我們再談自己本身這一個問題，自己本身是父母雙親之結合而來，此爲人人皆知之一般常識，然而一直往上追思，就是幾百萬年前之人類之延伸，其間戰勝一切障礙困苦，絕無滅亡，始有今日之自己存在，若追思至此，自己就會發覺自己之偉大，尚且要由後代再繼續延伸到天壤無窮。

筆者出生於雲林縣，祖父在麥寮經營船頭行，在日本據臺那年逝世，時父親九歲，因年少不懂事，船頭行及家產坐食日空、年齡稍長後，因虎尾鎮要建設製糖工廠，而定居虎尾，經營輾米工廠及糖廠之工人供給商；筆者國小一、二年在虎尾國民小學校接受啓蒙，因姑母無子而螟蛉於戴家，而轉校到新竹之南寮（舊名舊港）國民小學校，因家居鄉村上下學需涉水通過頭前溪，始得到校。因五年級時發生一次非常危險之水災，幸無傷亡，但姑母感到不安，就再轉學至新竹市第一公學校，上六年級。

學校之位置在現在之新竹電信局、中興百貨、國際戲院這一街廓，校舍以孔子廟爲中心，教室以口字形配置在聖廟外圍，學生上下課必須向孔夫子一鞠躬。因此每位學生都不知不覺間沐浴在孔聖人之薰陶之下，且每位學生若有違反校規都被罰跪在廟前反悔。此一古蹟在民國四十三、四年間，在無智之爲政者拆除出售土地之貪念之下破壞，旣無法尋覓矣，實在可惜。

筆者卒業考不上師範學校，亦考不上普通中學，而考上私立之臺灣商工學校（現在之開南商工），讀土木工程科，十七歲卒業，考進台灣電力公司，被分配在企劃部調查課，負責調查台灣各河川之可能發電量，足跡遍佈大甲溪、隘寮溪及立霧溪等三條河流。

其時日本政府擬在中部之清水鎮爲中心，建設工業都市，並正式成立新高港工業都市建設事務所，將清水、梧棲、沙鹿三鎭綜合企劃爲新興都市之範圍，以土地重劃方式積極開始工作，並將梧棲港建設爲直通大陸之內陸交通港，擬以三千噸級之船隻依蝗蟲方式，即多數量之蠶食方式侵略中國大陸；因新高港之工業都市，需要大量之電力需求量，因而必須開發大甲溪之發電計劃。

因此台灣電力公司透過台灣總督府，第一次呈請日本內閣通過建壩位置在東勢鎭之天嶺附近（俗稱麻竹坑之地方）建壩；後來該地段之岩石不適合建壩，而再次順流而上，在明治溫泉（現谷關）附近再次企劃一次，而達見（現達見壩址）是第三次企劃之所在，在電力公司及臺灣總督府水利專家八田與市技師，及內務省某技師之再三研議結果，始定案在達見現址建壩，而順溪而下至豐原，擬建設八個發電廠之電力來支援新高港工業都市之用電量。

以上是爲筆者約略旁聽到之經過，因筆者奉派前去測量天嶺壩址預定地之地形測量及壩高所能涵蓋之水庫蓄水量地形測量時，是租用八仙山林場運材鐵道之麻竹坑站閑置之空屋，記得每次出差日數大約爲六十餘天，而這一次之測量成果及根據此一成果概略計算出來之發電量，成本非常符合經濟利益，而將此一計劃呈報日本內閣閣議，經審議通過，決定此一建設案如前述。

然而後來發現該處岩石不符合建壩條件，因此電力公司再次派筆者等轉往谷關預定地之地形測量，記得這一位置之經濟價值並不是頂好，因而第三次轉往達見測量現址之地形，因該處狹隘，壩高能建很高，測量後發現經濟價值很高，因此，由日本內務省再派建壩地質專家前來勘查，並取樣回日本試驗，結果良好。這一切事情，因筆者隨該專家並案內至現地取樣而記憶猶新。因最初之閣議是決議准建設天嶺發電計劃案，因此，雖然位置改變，然而名稱不敢改變；一直至光復後我們政府完成此一建壩工程後，始由先　總統蔣公取名為德基水庫，發電廠亦既完成五座，然而，新高港工業都市之建設卻因光復而停辦。

但我們政府將該港之建設改為深水國際港，後又改名為台中港，而建港完竣十餘年來，筆者認為該港現在尚未展顯其實際經濟價值之效用，實在甚為可惜。但在最近將來與大陸通往，如獲准通商，該港與大陸之各港口應在最短距離上，若使用三千噸級船隻，可在珠江、揚子江溯河而上，直通內陸各港口應係當時日本政府所規劃之蝗蟲交通之夢想。以上為筆者懷念大甲溪之由來。

筆者所懷念之第二條溪為隘寮溪，本溪為現在高屏溪之支流，在里港三田村匯合高屏溪。因當時高雄市勃勃興起之工業都市模樣，因而預定需用大量之電力，當時核子發電當然尚未聞世，火力發電只有燒煤方式，燒瓦斯方式亦未所聞，燒油方式更不可能，因日本政府當時之口號為一滴油一滴血，是非常尊貴之物資，因此台灣本島之電力，只靠水力發電一途，因而筆者奉派前往該溪調查該溪之水力發電量之潛力，先到三地門警察派出所，一方面為禮貌上之拜會，另一方面懇請他們幫忙解決每日出役工人之分配，此外，亦請他們尋找一間房屋給我們做為辦公基地，當時之山地警察雖是日本人，因與平地警察之作威作福不同，不知何故他們對我非常和藹可親之印象，至今依然不能磨滅。

基地安頓完畢，就與警察主管約定每一星期交換出役山地青年一班。並且，下一班之工人要為我們攜帶下一個星期之糧食，往可能我們到達之地點會合交班。因三地門及當地之交通線都在稜線附近，與我們要測量之溪底高低差非常大，不能每日上下交通來去測量，因此就攜帶二套天幕，準備野外生活方式，由三地門附近之溪底順溪往上開始測量河川坡度。此為筆者一生中僅有一次之野外生活活動。該溪溪水清澈冰涼，兩岸樹木茂盛，綠影參天，眞是人間仙境。

我們一面工作，一面瀏覽景觀。這一次出差測量，有最難忘之兩件事，一為被山猿調戲之事，一為山地青年之憨直及體會野外求生抓魚之方法。某一天，我們要開始工作，但不知何時對面樹上有三三五五之山猿，大約五、六十隻，一直在叫嚷不停，在平地很難見到這一景觀。因而，我們就坐下來觀看他們之動作，然而我們坐下來時，牠們也坐在樹枝上，不如先前那麼叫嚷，就靜下來；因此我們就再開始工作，但牠們又如先前那樣叫嚷不停，擾亂我們之工作情緒；我們一停，牠們也停；我們一動，牠們也動；一而再，再而三，一直至黃昏，我們晚餐後，才見不到牠們的蹤影。這一天的工作量等於零，是很難忘的一件事。

再來是某一天我們發現所攜帶之糧食不足二天，離約定送糧來之時日尚有三天；因此，我們就請山地青年攜帶我們之求糧信，向三地門派出所求救；但是山地青年一直謂派出所主管命令他們一定在出發七日後，接班之人來換班以後，才許回去，而拒絕我們之請求；不管你如何好言說明，他們都聽不進去，其憨直之程度，實在無法形容，此爲其時之三地青年，現已七十歲以上之人了。因他們不肯回三地門，我們就將一天糧食分爲二天吃，最後無糧的一天，我們就當做休閒日，在溪底抓魚及命令他們獵取野味來佐食。及至看到他們之抓魚方式，頓然發覺人類之聰明，是先天性之智慧。

因他們一聽到我們要他們抓魚，他們就一股風似的跑到山坡上去。等他們回來時，他們每個人都背了很多棕樹葉及山藤回來；他們很快就將棕樹葉結在山藤上，做成二條綠帶。再來，就在溪邊挖一條寬深大約三十公分，長度約三公尺之小溝，然後在末端處，挖一處深寬大約五十公分長二公尺之小潭；並在溝及小潭上，蓋上頁岩石片，並在溝口斜斜向上流方向，將編織好之一條棕樹葉網（很難說是網，是一條棕樹葉帶）拉上；另一條棕樹葉帶就扛上上流深潭邊；然後由二位山地青年跳入深潭，潛入潭底，一會兒岸上之一群青年就將葉帶另一端拉到彼岸，然後往下流前進。

至此，我們可看到潭內之魚被潭內之二位青年趕上溪流上，被一條綠葉隔開，不敢再回頭鑽入潭底，一直順溪流往下游走，至下面之綠葉帶，亦不敢鑽越，又回頭游上，又再碰到綠葉條，而如此一來一去，就鑽進黑水溝內不敢再出來；然後青年們待上面綠葉帶拉回到溝口時，立即封住溝口，並將石片拉開，小潭魚滿，第一次就抓到十幾條石斑魚，如此反覆三次，我們當天之糧食就不虞不足了。他們是從那裡學來的抓魚方法，這是不是先天就會的嗎？

這是我們人類之先天性智慧吧！

第三條懷念之溪爲立霧溪，立霧原住民之語言是爲「達其里」，日人以其音譯爲タツキリ即立霧，因此，筆者希望當局更改溪名，以免我們的子子孫孫忘掉實際溪名，此爲題外問題。當時，花蓮之挖港工程尚未完成，而台灣東部尚無發電廠，僅有一家東台灣電力公司，是向台灣電力公司購入電力再次銷售給各用戶之銷售公司，而台灣電力公司必須由西部輸電至東部販賣，因而擬在立霧溪及秀姑蘭溪尋覓發電地點，秀姑蘭溪由同事另班出發，而立霧溪即由筆者這一班負責，西部往東部，不是現在這樣方便，有空中巴士、有火車，而且有蘇花公路雙線通車之今日之人們是很難想像的。

記憶裡好像由台北到蘇澳係乘坐火車，在蘇澳換上公路巴士，因該線是單線公路，因途中設有管制站即每一方向之汽車必須等不同方向之車全部過完才由這邊過去，現在去蘇花公路有一段隧道很多之一段，以前之名稱爲清水大斷崖，係蘇花公路之交通隘口，亦爲蘇花公路觀光美景焦點之一，該段之公路寬幅大約四・五公尺，現在即改爲觀光步道區，其時坐在巴士車上，往左邊看只見到海，絕看不到陸地，往右看只見到岩壁絕看不到空隙，公路車徐徐慢行其間，乘客之緊張之情難以形容，過了斷崖公路車就休息十分鐘，紓解司機先生之緊急心情，亦給遊客回顧大斷崖之絕色美景。

現在之一般大眾看到花蓮港大部份之人士都不知道花蓮港是陸地開挖造出來之港口，因一切土木工程尚未機械化之那個時候，我們看到原住民在港底全身裸體挑土之一景，使筆者終身難忘，我們土木工程人員之困苦一面！

在立霧溪口現在立有東西橫斷公路之牌樓旁邊有一條吊橋橫跨立霧溪，在橋下流約一佰公尺處有日本人經營之旅社「峽口旅館」我們先在峽口旅館停留三天準備入山一切工作定當後就開始測量工作。

現在之東西橫斷公路因現在之北横貫及南横貫之開通而都簡稱爲中横貫，係民國四十五年七月七日開工，是老總統　蔣公將撤退來台之衆多忠勇兵士轉入社會建設之睿智決定，因中横貫之貫通使台灣東西部運輸進入劃時代之改變，東台灣之繁榮因而追上西部，此爲後話。

太魯閣爲台灣之觀光焦點舉世聞名，筆者最初進入太魯閣時，有似進入仙境之感覺，待到合流（現天祥）警察療養所——實際爲旅客宿泊所，由山地警察經營，我們就在宿泊所建立測量基地開始測量工作，因這一次之出差有七十餘天，我們就一面工作，一面觀賞太魯閣之風光，在筆者之記憶裡立霧溪兩岸峭峽岸壁巍巍聳立，迂迴曲折之九曲洞景觀宛如觀看國畫。

在遙望大斷崖看到開闢此路所有之軟梯尚留在峭壁上時，使筆者感念當初之工程之困苦狀況印象很深無法忘懷，在「昇龍之岩」處本來湍湍之溪流水聲，人一踏入此岩石之下，湍湍之音，立即變爲隆隆之聲，似如蛟龍昇天之勢，立在大斷崖看到對岸兩條白系在綠蔭之中宛如畫中之景，此爲「白系之瀧」俯瞰溪底深不可測，千呎峭谷，腳底立刻感到涼癢，恐怖之心立走全身，冷汗蒙出懼高症之筆者實際體會之此一感覺永遠難忘。

在合流之宿泊處不遠地方，在溪邊之天然大理石浴槽裡，湧出約攝氏三〇度左右，遊客隨便沐浴而無人管理之「深水溫泉」（現改名文山溫泉）。尚有一處石洞徑約一公尺清澈之泉水汪汪流出，旁邊建有稻荷神社（日本神道教之祠如我國之土地公祠到處都有）旅人到此可休息參拜飲水止渴。

離緣坡，坡長約五公里坡度約一五%，因此要過這一坡道甚是費力，據說有一對新婚警察夫妻，奉派赴任，妻到此埋怨此坡之峻急及路遠而勸其夫不要赴任，然其夫不聽其勸堅決要赴任，致而在此坡中途發生爭執，因而寫離緣書交給他妻而單獨赴任而去，因而得名。

由峽口起算約七十公里處之見晴這個地方——現在不知在何處——建有一座望海台，登臨台上遙望峽口，山陵疊嶂、疊疊相連，疊嶂終處，青藍藍太平洋映入眼底，此爲太魯閣之另一絕景，現已無從查覓實在可惜！

關於「安樂死」與「尊嚴死」

戴錦秀

「人生五十」或「人生七十古來稀」等對於人生的詮釋方式，乃是我們這一代人們於年幼時，常在一般性書籍或雜誌上所可閱讀到的論調。然而，由於近代醫學與衛生的技術日趨於精密、發達，我們人類的平均壽命因而得以大幅度地提升起來。而且，有年年增長之趨勢。在此種情況之下，我們的社會勢將一年比一年地逐漸進入所謂的「老齡化社會」之階段。曾經有人說過：「人生六十是嬰兒，七十剛開始，八十是壯年，九十滿街是，壹佰不稀奇」，此種說法相當生動地描繪出了人口結構老年化後的未來社會景象。

前些日子，本人至日本遊覽、觀光時，適逢日本的「敬老日」，此項節日的意義頗像我國之重陽敬老一般，乃是日本社會特爲「敬老」所開設成俗的一項節慶之日。「敬老日」當天，日本國內各大報紙大事強調——「日本現在已是全世界第一的長壽國」，頗有引以爲傲的意味在內，但是同日的新聞當中，亦有一位著名的學者撰文提出——「一九六〇年代以後出生的人們，平均年齡僅能達到四十一歲左右」這樣的立論。此位學者並指出：「六〇年代以後出生的現代人所面臨之最大的生存隱憂，即是他們將逐漸無法適應大自然環境所賦與他們的生存條件，由於他們大部份自小即生活在『人造化』與『加工化』的環境之中，因而勢將逐步喪失了人體當中本自具有的『自我調適』之生命機能，加以大都市的急速發展與電氣設備的驚人使用率，使他們幾乎是生活在違反自然的溫室之中，而失去了作爲大自然界一份子的澎渤生機！而且，過度精緻化、人工化的美食和營養攝取，更是遠遠超過了人體本身所需的適當份量。凡此種種不合乎養生的負面因素所造成的交相作用，將使現代人很輕易地就被奪走了生命……云云」。據說該書爲今年度日本社會之第一熱門暢銷書，本人並無購來詳讀其精細內容，今本文僅依敬老日當天報上所登載之記事而由尚能記憶之部份來轉述，萬一與原著的內容有所出入的話，希望大家不要見怪才是。

同時，當天的報紙亦大篇幅地刊登針對所謂「安樂死」與「尊嚴死」的正反兩派人士之論諍。其中最令我感到難忘的有一段文字敘述，茲大略轉述如下：

「日本某地的一對老年夫妻，丈夫八十五歲，妻子八十三歲，兩人竟於『敬老日』當日，在盛裝之後自殺身亡！其遺書曰：『因多活了十年，竟致使家中發生不幸的現象，甚對不起子孫』……等字句，讀之使人如丈二和尚摸不著頭腦。經人專案調查之後，發現原來該老人於十年前曾罹患腦中風而導致半身不遂。在病中雖蒙老妻天天的照顧湯藥與生活起居，但時日一久其妻亦因疲勞過度而病倒。其子眼看兩老病倒，亦不顧一切地提前辦理退休以便侍奉臥病在床的老父老母。其之一片孝心雖委實值得人們稱許、表揚，但家中因失去了收入來源，家境逐漸轉爲困難。最後其子亦因煩惱不堪及疲勞過度而病倒在床，此對老夫妻眼看一家因他（她）們兩老之病而陷入困境，遂感到絕望厭世而自殺身亡……」。深究起來，如是人間悲劇實爲「老年化社會」（且爲二層、多層結構化的老年人社會）之一大悲哀！憑靠醫藥來延長風中危燭般的餘生，或老人癡呆症、或無生命意識的植物人式之延長壽命，此種生命型態究竟有何意義存在呢?!難道不是深值得我們每個人予以深思熟慮的一大生命課題嗎？

根據七十九・十・一聯合報第二十版的記事：贊成所謂「安樂死」的日本人，將「安樂死」稱之爲「尊嚴死」，因爲他們自認——他們所追求的乃是「尊嚴」而不是「安樂」。因此，「日本尊嚴死協會」的會員皆在自己身體尙還處於健康狀態的時候，便提出一份聲明書而存檔於該協會之中。聲明書中他們拒絕一切「以延後死期爲目的的醫療延命措施」，相對的卻同意接受「可能含有提前死亡到來之副作用的止痛劑」，並希望醫院在他們陷入植物人的狀態數月之後(假設)，能主動地卸除所有維持他們生命的醫學裝置。這份聲明書又名「在世遺書」。「日本尊嚴死協會」在八〇年代中期僅有一千名會員，但自一九八七年起，會員人數卻大量地急增，到今年(一九九〇年)七月爲止已達九千三百人之多！此項消息傳出之後，入會的申請書即陸續湧至「日本尊嚴死協會」，而使其會員的總數如今業已破了五位數大關！

去年夏天，「日本醫師公會」特別舉行的「生命倫理懇談會」當中，對日本全國的一千六百名醫師實施了有關於「安樂死」與「尊嚴死」之問卷調查。結果有百分之七十一的受訪者認爲身爲醫師應當尊重病人的所謂「在世遺書」的主張。而且，愈是年輕的醫師層當中，持如是見解的比例愈高。

今年一月之間，「生命倫理懇談會」又舉行了會議來討論「尊嚴死」的問題。此次會議結論中明確指出：「醫師若依患者『在世遺書』的主張來中止一切延命措施，當被視為『不違法』之醫療行為」。

本人閱至此節報導之時，即立刻憶及本人長兄之一段有關於人生觀的談話，其內容相當吻合「日本尊嚴死協會」的主張，是以特在此敘述如下：四年前，本人的大哥離開了人世，但在他過世前二年，本人曾到他的住處探望。時本人侄兒（大哥之子）正在嘉義開業當醫生，而且其診所新近購入了壹台「超音波腦部掃瞄機」，來為病患提供更為精密的診療服務。當時本人由於感到記憶力有嚴重衰退之現象，遂特請他為我掃瞄診斷，這是餘話。我與大哥兄弟兩人當日就在其住處閒聊起來。其時大哥他已因腎不全而接受洗腎治療三年有餘，而我亦因痛風症而治療數年之久，因此兩人的聊天話題就自然而然地以人生觀為中心展開起來。大哥說道：「當年我被日軍徵召至菲島擔任農耕指導員時，日軍的敗相已初現在盟軍亦已登上菲島，開始進行掃盪日軍的軍事行動。為此我們一班五個人乃欲逃往山中避難。在途中，籍貫斗六之某君突謂：肚子很痛，必須方便。而同班其他三人則以當時狀況實在太危險，不能等待為由而先行離去。一行人之中只有我與他因同鄉情誼而不忍心棄他而去，於是就在附近等他方便，或許是其排洩物的臭氣盟軍的軍犬嗅到，致使我們兩人被俘虜至集中營關起來，戰爭結束後方才被遣散回國而得以返回家中。然而先行離去之三人卻一去不再復返，至今也還未能知他們的生死究竟如何?!現在每當我回想起這一段令人終生難忘的人生經歷，我的心中皆會生起——『真是生死有命，富貴在天，凡事皆有定數絲毫勉強不得』的深切感觸。明年起我家老四——『阿嶺』以及長孫——『阿忠』的實習醫生的時期結束後，我這一房就有三位醫生懸壺濟世了！說起來我是很滿足我的一生，但我也知道洗腎只是延長死期而已，並不能算是眞正的有效治療，這種病是不會好的，有一天等孩子們都成家立業之後，而我亦將家中的一切事情料理完妥之後，我就可以安心走了！」

日後，於聽聞大哥病危急速奔回故鄉的車上，我就想起他對我說過的上述這一段話，內心眞是感慨萬千不能自己！抵達家中時大哥的意識已經有些模糊不清，但還能叫我的「小名」來招呼我，過了不久他突然說要「方便」，大家爲了給他方便就大事動員準備給他「方便」，可是大哥卻一直方便不出來，如此數次之後，衆人遂齊聲對他說：「您儘管方便，我們會幫您處理！」可是在聽了這句話之後，他竟不再說要方便了。當時在我的腦中遂於刹那間浮上一團疑雲，大哥爲何嚷著要「方便」，卻一直沒有「方便」？在他的潛意識裡，其時所謂「方便」是否爲希求被救延命的另一種表現？他是否業已陷入恐懼死亡的情緒之漩渦當中？……照常理而言，繼續接受洗腎當還可延長生命數年而沒有問題，雖是他自己拒絕洗腎而想儘早解脫病痛的糾纏，但在身爲兒子、做爲長孫之立場，那三位青年醫生是在何種心情之下，同意父親（或祖父）之決定而不爲其醫治？而讓其離開人世、離開他們？是夜，大哥安詳地回去了！回到他認爲應該回去的地方……但卻留給我一個難解的生命之謎！……大哥的選擇到底是對是錯？……人是否眞能擁有放棄生存或選擇死亡的權利？……大哥的死，眞可以是稱之爲「安樂死」嗎？抑或只是「追求生命尊嚴」的另一種表現呢。

建築與小品

第二輯

戴文昌著

國開月刊發刊詞

——總經理的話

戴文昌

國開的成立已經進入第五年了！身爲創立者的我，對於公司的期待，就如同父母希望其子女能健康地、逐步地成長、茁壯一樣，是那麼地溫煦而又眞誠熱切；是那麼地充滿愛惜而又嚴正不紊，並且此心此情延綿亙長、永不止息！

日本的技術、日本的管理、日本的財力，再結合上台灣現地優秀人材的苦幹實幹精神，而藉此共同來創造永恆的基業就是國開關係企業的經營目標。我個人經常以「結合有志的優秀人材，共創光明燦爛的未來」這句話，來期勉自己以及國開的同仁們。雖然在我們一齊奮鬥以共創事業的過程當中，有時候我會因故而一時大發脾氣，甚或大聲責罵某些同仁，但是，在我個人的內心深處卻時常油然生起——「能有這麼多的優秀人材肯與我同心協力，一齊『打拚』來追求我們大家光明的未來與永恆的基業，實是上蒼賜給我的恩典！」——這樣的念頭和感觸，所以，我經常爲此而心存感激！感謝上蒼！感謝大家！

希望今後我們大家再持續地一起努力，而使本公司能有更爲良好的營業機會，更爲廣闊的發展空間！更期待能有更多的人們能一起來分享我們公司成長的喜悅，以及公司發展的成果！

接下來我謹就下列幾點與大家共勉之：

1. 結合有志的優秀人材，
　共同創造永續之偉業，
2. 引進並開發最好之技術，
　齊力建立營建之前程。
3. 探討並採行最佳管理制度，
　凝聚衆志，團結一心，
　不斷地成功再成功。
4. 重獎即賞，激發潛能，
　表現每個人最高的才華，
　爲家庭、爲公司、爲社會、
　爲國家、爲天下而有所作爲！
　成就卓越的功業，恢宏人生！
5. 嚴懲明罰、樹立典範，使每個人
　行事規矩，不逾宗旨。

而務使本公司能在良好的經營理念和制度之運作下，能「永續經營而不殞滅」！古德有云：「物必自腐而後蟲生」，一個企業體的經營也是一樣，唯有不斷地革新再革新、進步再進步，企業方能永續存在！因此在此深切地期勉大家能團結一志、齊心協力，不斷地爲公司、爲個人的幸福與發展來努力！

國開月刊的誕生是一個美好的開始。希望同仁們能藉此刊物的發行，相互溝通、相互了解，相互切磋、相互琢磨，眞誠地相互交換意見以流暢公司的資訊管道，以此期勉，謝謝大家。

附：國開簡介

日本國土開發株式會社(JDC)成立於一九四九年，是時之目的以受日本政府之託承辦，興建諸開發復建等之工作，後因背景優異，財力雄厚，設備新穎，技術高超，營業範圍乃擴及民間，並從事海外自由世界各地域特殊工程承攬。

JDC公司除在日本本土開發整個城鎮之新社區外，各種辦公室、飯店、醫院、娛樂、學校、會館、住宅、工廠等之大樓建築極多，並承建機場、水庫、大壩、高速公路、地下鐵道、鐵路、橋樑、地下水處理、煉油廠及其設施等鉅大工程，此外在美國加州成立北美分公司，新加坡、馬來西亞、印尼、巴西、泰國、香港、東非肯亞、關島等多處亦設立分公司，而中華民國台灣地區，多年以來工業突飛猛進，經濟富庶，成爲開發中國家之翹楚，尤以近年來政府爲刺激景氣之復甦，大量投資公共建設，鉅大的工程中極需現代的營建科技及雄厚的資本，有鑑於此於一九八六年元月八日，JDC公司正式與國人合作成立「國開營造股份有限公司」藉以將JDC諸多營建專利技術及密集資金引入，期爲我國帶動營建之尖端科技貢獻綿力。

我們爲什麼要舉辦「工地競賽」

戴文昌

大家應該還記得多年來我經常和大家提起的話，我們身爲營造業的一份子，我們的責任，或許也可以說是我們的工作目標就是達到：一、絕對的施工安全，二、確實按圖施工，三、提前工程進度，四、追求良好品質，五、獲取合理利潤。若一個工地能夠充分地做到以上五點目標，那就是一個成功的工地，而且也同時能夠作成一項完美的作品。可是話說起來容易，做起來卻頗不簡單，二十幾年來我雖嘶聲力竭地吶喊著這五個目標到今日，然而能夠確實地達成的工地卻是少之又少！因爲營造工業並不像一般的生產工業，「她」的營運當中有著太多、太多的「難以掌握的變數」存在。人、時、地、天候、環境……等種種因素皆會影響到我們的實際運作，特別是業主的配合程度更是嚴重地關係到工地的成敗與否（本文暫不深入討論，今後有機會再做分析說明）。但是，要將此五項工作目標予以具體化，對於目前的我們來說卻是一個很好的時機！因爲現在公司不僅擁有日本的優秀開發技術和管理指導，更重要的是現在我們已有許多抱持著共同的目標與意志之同仁們，正在全心全力地爲公司的發展在努力、奮鬥著！而一項事業之所以能夠成功，最主要的就是要將大家的共同目標、共同理念，透過堅定踏實的實踐而後才能化爲具體的甜美果實，因此盼望全體同仁能夠一起來實踐這個理想。

現在，我們公司正在不斷地在成長、發展之中，加入我們工作行列的夥伴也不斷地在增加。並且新進人員大都是到分佈於各地的現場中工作，這些工地遠的在高雄、台南，偏僻的在山顚、在海濱，平時每個人都在自己的天地裡埋頭苦幹，除了各個工地負責人還可以藉由每個月所長會議的召開，而能與公司的其他成員和工地稍做溝通、交流之外，其他的同仁幾乎很少有機會知道公司在做什麼，或著他們的工作跟公司又有怎麼樣的連動關係；我個人也經常聽到這些心聲耳語，所以爲了強化公司的上下溝通、相互了解起見，現在公司除了儘量舉辦各種團體活動之外，爲了再一次強調我們這一群營造從業者的使命，爲了加強各個工地的團隊精神，發揮整體力量，並激發每個人之潛能以及增強每一個同仁的參與感，特別舉辦『工地競賽』。

工地競賽之項目共分爲五大類如下：

一、清安競賽：工地整體之安全、工地的清潔與整齊、以及工地的衛生維持。

二、績效競賽：包括工程進度之推行、施工品質、日報表之填寫與工地會議之召開和執行。

三、利潤競賽：預算之編訂、預算之控制、耗損之減少、收款能力等。

四、協力競賽：小包及材料供應商之協調、管理，職工之運用、人員之管制。

五、仁愛競賽：同仁們工作情緒、士氣之表現，出勤狀況、業主之評價、監造建築師之意見，鄰房及相關單位之看法。

希望藉由工地競賽，可以促使全體工作同仁對於以上目標的重視以及踏實的執行。畢竟安全順利地完成每一項工程，正是我們公司全體一致的目標和責任；更希望能因此來帶動每一個工地的整體團隊精神與士氣，進而激發全公司奮發向上的精神，此即爲我們這個大團體所追求的勝利、成功之希望所在！

爲了使工地競賽能落實及成功，公司訂有評分、表揚及獎勵辦法，其辦法如下：

一、評分方式：

1. 國開、三福的工務部幹部，每日輪流不定時地至各工地查核評分，所評定之成績佔總成績四十%。

2. 憶興公司黃副總、三福公司羅副總，每週不定時至工地查核評分，所評定之成績各佔的成績的十%。

3. 三福公司周總經理，每週不定時至工地查核評分，所評定之成績佔總成績的二十%。

4. 國開公司小島副總，每週不定時至工地查核評分，所評定之成績佔總成績的二十%。

二、表揚獎勵辦法：

1. 每月選出總成績最佳之冠軍工地，於所長會議中接受表揚，並頒發獎盃及獎金新台幣壹萬元整。亞軍工地接受表揚並頒發獎盃及獎金新台幣伍仟元整。

2. 每季選出成績最佳之季冠軍工地，接受表揚及頒發獎盃及獎金新台幣貳萬元整，亞軍工地接受表揚並頒發獎盃及獎金新台幣壹萬元整。

3.年終選出成績最佳之年度冠軍工地，接受表揚及頒發獎金新台幣伍萬元整，年度亞軍工地接受表揚並頒發將盃及獎金新台幣參萬元整。

公司之成功與否有賴全體同仁之努力，我想大家一定希望有一個可以實踐理想與自我成長的工作環境，除了管理階層須朝此目標努力外，更重要的是要有諸位同仁之支持及參與，此即舉辦「工地競賽」之初衷，企盼能獲得各同仁之支持響應，讓我們一起來建立我們都喜愛的公司。

「歲末・年初」感言

戴文昌

匆匆地又過一年，雖然我們國家、社會的整體環境在劇烈變動之中，但我們依然心手相連地全體一致昂首前進！這一年在大家的共同努力之下，我們公佈、實施了「公司人事管理規章」，以使公司在永續經營的大道上有所遵循。我們也同時實施了「工地競賽」，並因此項活動的確實執行，已對於各個工地的安全、品質以及工作士氣，產生了相當程度的鼓舞與提升作用。在這一年之中，我們也每個月定期性地舉行了「工地所長會議」，並由本公司的小島副總——小島英也副總來主持此項會議，藉由此項活動的推行，不僅我們國開的各個所屬工地之間，有了相當程度的橫向連繫，同時也透過會議的討論、檢討作業，大幅度地提高了我們公司的工程品質與管理水準。我們更發行了「國開月刊」，對內做爲同仁間溝通的管道，對外而言，也成爲傳達我們公司經營理念與經營實況的媒介物。而推動公司各種福利、厚生施設的「福利委員會」，也在和諧、自由的選舉氣氛中成立了！隨著公司的成長，大家更趨成熟，公司也逐步地健全起來，這一切的一切，都是深值得我們大家在這歲末・年初之際，感到萬分欣慰的事情，而這一切也都是我們國開全體同仁辛苦、努力的成果。

但是，在過去的這一年當中，從我們公司全盤經營的觀點來看，我們卻也有許多預期的目標未能達成。舉例來說，公司的整個組織體系還沒有精確的建立、人材的教育和培訓也還未能系統性地執行，特別是部份工地仍然延續著舊有的問題，而尚未能完全予以排除；由於上述種種因素的交相作用，我們公司的具體經營利潤也尚未能獲得，這一些妨害我們公司成長的負面「經營因素」，正有待我們發揮全體智慧與勇氣去排除與克服！

最後，衷心期願在新的年度裡，我們國開能更像一個大家庭似地團結在一起，來共同開展我們的事業，並希望在創造公司全體的利益當中，每一個國開人也能追求到個人的發展與利益！而能在整體的成功中，享受到個人成功的榮耀和喜悅！我謹在此祝大家「吉祥如意」、「新年快樂」。

年度工務檢討會議——總經理的話

戴文昌

今天，我想以下列幾點作為本年度工務檢討會議的總結：

①「如期且圓滿地達成業主所托與的工程目標」——此點乃是我們工程人絲毫不可懈怠的天職和目標，我們不僅必須營建出能令業主滿意的工程作品，同時亦要自我期許能作出能令自己滿意的作品，當然，我們的管理能力和管理效率如何？更是會具體地呈現在我們是否能夠適切、精確地掌握和控制工期此點之上；因此，如何能如期且圓滿地達成業主所托與的工程目標，即是我們今後努力的第一項工作目標。

⑵「經營行爲的精密化和確實化」——任何的經營行爲皆可以涵蓋在「計畫↔執行↔檢討↔再計畫」這樣的「管理循環」概之中，所以經營的良否遂繫之於企業體在這樣的循環當中，是否能做得很精密、很確實，而使錯誤和缺失減少或減低到最小程度而定。由此可知，「詳細計畫」、「確實執行」和「認眞檢討」此三者之間，實存在著一種非常微妙的互動關係，任何一環出了錯誤皆會影響到整個經營成效！

從管理學的觀點來看，我們各工地的負責人實際上也就是所謂的「經營者」，因此希望大家能依上述的管理概念，來積極地掌握工務的推展。

③「優良小包的吸收和培養」——一個營造公司施工能力的強弱，有一大半繫於其小包能力的良否，因此，如何吸收優良的小包到我們的組織之中？如何在工地管理的實踐過程當中，適時、適地、適機地去教育小包們，以提高他們的施工能力和施工品質？不可否認地也是我們營造公司經營上的一大重點，我想這點也是我們大家今後努力的一大目標。

④「硬體系統和軟體系統的適切配合與均衡發展」——一個公司的硬體設施再好，如果沒有了能與之對應的軟體系統來配合，那麼硬體的原有力量只能被發揮出其中的一小部份，甚至於有完全形同虛設的可能！相對地，有了優良的軟體系統，但卻缺乏了相對的硬體系統與之配合，則企業體的總體經營能力便要受到折扣！因之，硬體系統和軟體系統如何能在公司的運作之中，取得適切的配合和均衡的發展，也是我們今後的工作目標。

⑤「組織橫向連繫的強化」——希望此後各工地與各工地負責人之間，能透過各種正式與非正式的溝通管道，來強化彼此之間的連繫和協調，否則一旦有需要，要相互溝通、相互支援便會發生困難，相對的，如果各工地之間的連繫相當緊密，那麼我們公司的整體組織力就會顯現出來，而形成一個堅強的企業體！並且，橫向連繫有時可以彌補直線連繫的不足和漏失，所以此點亦是我們此後的努力重點！

⑥「經營風格的確立」——我個人有一個工作感觸，那就是我們台灣市場的建築物，大都可以說是只是「業主的建築物」，一般而言，在工程的營建過程中，無論是建築師方面或是我們營造業者，大都是去儘量配合業主的意見和想法，而不會極力堅持自身的看法或見解。

但是並非所有的業主都能擁有正確而完整的營建智識和概念，因此若是太過於遷就業主的意見，有時會影響到整個工程的進度和品質，所以，有時候我們營造業者和建築師二者需要配合起來，以專業人員的立場和敬業的精神，來適時、適地地教育業主正確的工程概念，並訂出我們公司自身獨特的施工規範和施工水準，以確立起我們自己特有的經營風格，嚴選案件、不隨便施工結案，以建立我們公司可久可大的良好商譽和獨特的品味，這點當是我們全體同仁的一大努力目標。

簡單地提出以上六點經營目標與大家共勉，今天的會議到此結束，謝謝大家。

歲　辭

戴文昌

一

匆匆又到溫馨的歲末，一年來業主們的照顧關愛、同仁們的齊心努力、長官朋友們的協助支持，在此先向大家拜年，並祝福大家事業順利、身體健康、精神愉快、來年心想事成、笑顏常開。

國開公司也已踏入第六年了，她是結合中日雙方的力量，擷取雙方的長處優點，爲創立百年基業，達到永續經營的目標而創設的，這也是國開創業的理念。我們要使得國開每一位從業人員都有其發展抱負與理想的良好工作環境，我們要讓企業主有一個穩健成長，舉世欽讚的一流公司，我們使這個社會國家有一個正派經營，而且不斷領先著技術與管理革新的優良企業。

爲此國開人對外當須顧客第一、服務優先、信守承諾、提高商譽、嚴格要求品質、注意施工細節、建立事前計劃、做好事後檢討、施工前與業主和監造單位充分溝通，施工後向業主及建築師清楚報告，藉彼此充分的互信與互諒，以使業主滿意，公司安心的境界。對內全體同仁則應嚴守公司紀律、循規蹈矩、按部就班爲著公司的最大利益全力以赴，共同追求公司的安定與成長，我們要充分了解營造工程本身的臨場性與複雜性，事無鉅細務必仔細計劃、萬全準備，無論何時何地都要有危機意識，必須絕對達到施工安全無意外、零災害才能確保工程之順利進行，也才能使一個工程圓滿完成，以完成業主之託付，實現設計者的理念，創造營建人的成就。

國開是一個大家庭，屬於每個國開人，她的成敗操之於這個家庭中的每一份子，國開自成立以來已完成了大大小小、許許多多的各式工程，這每項工程都是大家團結一致，上下一心付出極大的精神、心血、努力的成就，希望我們國開人持之以恆，珍惜共處的緣份，共創營建奇蹟，共享永續經營之喜悅與榮耀。

二

歲月匆匆，又時値溫馨歲末，回顧一年來沐浴於業主們的關照愛顧，承蒙各界長官朋友們的協助支持，以及公司全體同仁團結一致齊心努力，方始國開能夠日臻發達，繼續爲我國營建界略奉一絲綿力，特此深致感謝。燦爛光輝新春將近，先向大家拜年，並祝福大家身體健康、精神愉快、萬事如意、來年心想事成、笑顏常開。

國開公司明年將邁入第八年，自設立以來已完成了大大小小、許許多多各式工程，每項工程都是大家團結一致，上下一心付出極大的精神、心血、努力的成就，且以安全第一、品質至上、改進施工技術、導入最佳管理、縮短工期、服務週詳來達成目標，完成任務，更融合日式管理優點，配合中華民國優良之民族性，以提升台灣營造業之施工技術與經營管理。

結合中日雙方的力量，擷取相互之長處優點，爲創立百年基業以達永續經營的目標，乃是國開創業的理念。爲了要向此目標邁進，我們要使每位國開人都有其施展抱負與理想的良好工作環境，我們要讓企業主、建築設計師們了解我們是一個講求信譽、秉持誠信施工爲信條的公司，以及整個社會對本公司之信賴與愛顧，認爲我們是一個正派經營而且不斷地領先著技術與管理革新的優良企業。

故此我們要落實國開的經營目標，發揮國開精神與特性，對外當須顧客第一、服務優先，對內則應嚴守紀律，循規蹈矩，並以促進社會發展爲使命，施工安全無意外、零災害爲前提，優秀之新技術和合理的新經營理念來推行工程爲目標，時時刻刻細心地不斷追求相互之理解與合作，主動積極地接受挑戰吸收新知識，秉持著無瑕進化之卓越傳統精神，邁向革新的境界以達國開創業時之理念。

在這一年裡很榮幸本公司承建位於台北市基隆路，信義路交叉口的「震旦企業智慧型大樓」，在諸位評審委員一致肯定讚美之下，榮獲八十年度台北市建築優良施工獎。獲此榮耀實歸於國開全體員工一致團結努力，以及各級長官、先進們之厚愛、同業和協力廠商之支助所致，希望國開繼續朝向更輝煌燦爛的明年邁進，爲我國營建之尖端科技貢獻綿力，進而使國內營建品質、技術推向世界舞台。

三

偶爾在整理資料時，看到了六年前十月間辻岡聰宏社長首次蒞臨台灣參加震旦智慧型大樓開工奠基典禮，以及明台產物保險總社大樓工程簽約儀式之際，對記者發表演講的中譯稿。驀然一驚，再過兩年，一九九六年元月八日就是我們國開營造公司滿十週年慶了。

八年來這一段時間裡得到了所有長官、朋友、企業先進、社會賢達、協力廠商的支持、愛護與照顧，我們國開公司才得以一步一步的向前邁進，一年一年的穩定成長，本人謹在此代表全體員工向諸位敬致最高的謝忱，謝謝！謝謝大家！並祝福大家健康、愉快！事事成功！如意！

這一年裡我們依照原訂計劃，初次積極投入政府公共建設的領域。在建築方面，我們順利的取得了：陽明海運總社大樓、陽明海運基隆辦公大樓、萬芳國宅大樓工程、安康國宅工程、長途電信管理局電力維護中心大樓工程、林業試驗所森林保育大樓工程等等。這都是工程部同仁們夜以繼日同心協力全力以赴，努力改進辛苦作業以及營業部無怨無悔認眞執行才有以致之。

在土木方面，配合榮工處取得地下鐵的部份土方工程、北二高新店橋面板工程、五股工業區的地下工程以及自來水公司平鎭淨水廠工程等，也都在專案部同仁默默辛勤努力下展開了。

大家都知道，整個營造業這三、四年以來受到建築業的景氣及六年國建的大量投入，人力、管理幹部員額的嚴重不足，砂石、建材、運費的惡性高漲，接著馬上社會經濟呈現不景氣，建築業又跟著凋敝，生活水準提高，享樂習慣養成，作業工人工作意願低落，營造社會倫理破壞殆盡，小包不重信諾、不守約定，幾乎無法管理，營造業者以及有心的從業人員在這種熱一蒸、冷一凍之下，經營備極辛苦。

但是我們檢討這一年來，國開絕大多數的工程都很順利的加速進行，特別是一年來新近取得的工地都能在相同的理念、在公司內部同仁的全力支援、在工地同事認眞計劃督導之下，做得很好、更得到業主頗多好評，這也表示我們國開全體工作同仁在工程的計劃、發包、採購、推行、管理，經過多年來的教育訓練、實戰歷練的努力下，都已有長足的進步。

但願工程的安全、品質、進度、利益，能更加快腳步的成長，但願所有國開的業主們能更加的滿意我們的服務，而我們公司能更加的發達，但願所有的同仁們工作得更愉快、更加有成就感，每個人都更加幸福與美滿！這就是今年的祝福。

四

民國八十三年很快的即將結束，非常感謝全體同仁今年的辛苦，在大家的努力之下，今年的業績達到預定的目標，公司也成長了，各工地也順利進行，這些都是同仁的努力及業主的照顧成果，在此謹向各位致上萬分的謝意，並向大家拜個早年，祝大家新春愉快萬事如意，期待明年再創佳績。

今年可說是國開豐收的一年，首先在年初有關震旦工程與美孚公司間的訴訟，爲息事寧人和氣生財，以和解收場，解脫了多年來的困擾，而業主震旦公司爲了感謝國開對震旦大樓所付出的心力，除了給予國開高度的肯定之外，更頒發豐厚的獎金，這在營造界可算是件值得慶幸的事，因爲我們做到讓業主了解與營造廠，彼此是共同生命體，唯有雙方合作才能創造完美作品，這也代表著國開經營的理念。

在建築工程方面，今年陸續完成了達觀鎮土方工程、文山居住宅工程、北投亨利百世工程，而台中明台辦公大樓、陽明海運七堵辦公大樓、極景虹區工程也在進度超前下完成結構體，其它像萬芳、安康國宅工程、森林保育大樓、電信大樓、土地銀行敦和辦公大樓、陽明海運基隆辦公大樓等等工程，也順利的進行中。新近更在建築部、營業部同仁合作之下，爭取到了長風三村二期新建工程、崇德文教紀念館、經建大樓等工程。

土木工程方面，自來水平鎮淨水廠、五股工業區第二批標準廠房、新店橋面版工程已接近完工階段，更可喜的，在土木部同仁的努力之下，東西向快速道路 E404 標工程，也如火如茶地順利施工中，而大大提高了國開在土木工程方面的競爭力。

有關公司組織方面，爲了配合公司的成長，在今年七月間，就各部門的組織結構予以強化：工程部改稱建築部，土木部正式成立，其他各部門亦跟著公司業務的擴增而有所因應，尤其管理部外勞課之成立，目前公司已引進二百多名泰籍外勞，現又正積極再計劃引進三百名左右的外勞，相信在這批新力軍的協助下，國開在營造界將會有更好的表現。

我常說國開是大家的，大家有緣在一起就是一家人，同仁們就像兄弟姐妹一樣，應該同心協力為家庭的發展而團結合作，好還要更好，尤其在現代科技日新月異，知識爆炸的時代，一個公司是否有足夠的競爭力，是否能永續經營下去，除了公司組織制度要健全外，人才的素質、技術的提升更重要，唯有擁有高素質熱心的人才及不斷才有，公司技術的高創新研究發展的潛力，否則公司很快會被淘汰，此兩大條件國開皆具備，只是尚未全部發揮出來，明年公司將朝此目標前進，相信藉助電腦化的管理，國開將做到與日本JDC本社聯線，可望更快速引進日本JDC所研究出來的各項先進營建工法，在台灣進入WTO組織後，這些工作將會成為當務之急，而也幸好國開有豐厚的資源，無論外在環境如何變遷，國開有實力也有信心打贏這一戰。

當然，除了公司同仁們的努力外，國開能有今天的成績，全是各位業主的支持與照顧，若沒有好的業主國開也不可能有現在的規模，各位同仁一定要切記，凡事心存感恩，務必與業主保持良好關係，除了要注意施工品質及安全外，更要做好溝通協調的工作，無論是業主或建築師之指示，同仁一定要虛心接受，若有所說明亦需尊重他人之立場，相信以誠以禮待人，會獲得更多的尊重，在此亦向所有國開的業主致上最高的敬意，謝謝您們對國開的支持。

檢討過去策勵將來，深盼各級主管多多教育下屬栽培幹部，為國開未來的成長多做準備，讓我們一起為國開的前途而共同努力奮鬥，讓國開營造成為營造界的金字招牌。

成熟穩健邁向成功的國開營造

戴文昌

恭禧！恭禧大家好！很高興，透過國開季刊向大家拜個早年，祝大家身體健康，萬事如意！

國開自七十五年成立到現在，已經足足走過十個年頭，幸好這十年來國開並沒有辜負大家的期望，在穩紮穩打的經營策略，及全體同仁的努力之下，在台灣營造界已佔有一席之地，國開雖不是營造界最大最好的公司，但我相信她是最健全最進步的公司，過去十年來所完成的業績有口皆碑，那是國開同仁爲公司所付出心血的結晶，也是各界對國開支持與鼓勵的結果，在此誠摯的感謝大家爲國開所做出一切貢獻，謝謝！

一個公司能否永續經營持續成長，最重要的是人才的培育與養成，尤其領導階層更形重要，易經上有句話說：「上君者盡人之智，中君者盡人之力，下君者盡己之力。」該如何用人，使人發揮自我之智慧，是身爲公司幹部所應學習之重大課題，也是我一向大聲疾呼大力推行的。

目前建築部在蔡經理帶領陶副理、楊副理、張副理、簡處長及各所長主任等，各項工程進行順利，今年陸續完成明台台中辦公大樓、陽明海運七堵辦公大樓建築工程、極景虹區新建大樓、安康國宅工程等，其他諸如萬芳國宅、電信大樓、土地銀行敦和辦公大樓、森林保育大樓、建經大樓、長風三村二期重建工程、崇德文教院新建工程、基隆陽明海運辦公大樓等，亦在掌握之下順利推展，對建築部同仁表現的成績，相當令人滿意，但爲因應更大更重要的挑戰，及讓各個同仁的才能更有發揮的空間，明年配合業績之開展，建築部將成立建築一部、建築二部，希望能以更健全的組織與升遷管道，促進建築部門的蓬勃發展。

土木部的同仁是公司最優秀的一群，成立雖短短不到三年的時間，在汪經理領導下，陸續完成北二高新店橋面版工程、自來水公司平鎮淨水廠土建工程、五股工業區第二批標準廠房土方開挖工程等。至於公路局東西向快速公路 E404 標，更帶領黃副理及工地同仁不眠不休不斷地研究與克服各種技術上之困難，引進挪威 NRS 先進支撐工法，本工法爲國內首次引進，屢次獲業主公路局主管機關及工程界同業之讚賞，相信此工法之引進，對國內橋樑建築技術將是一大貢獻，也是國開在營建業的一大實績。其他諸如台北市鄭州路地下街工程、東西向快速公路 E203 標工程、中投公路、台中市軍功路市地重劃工程、樹林堤防第一工區土方工程，也在黃副理、宋副理、郭副理及工地各位同仁之參與下靈活地開展，除了這些工程外，土木部門亦將更積極地爭取大型橋樑、大型隧道的工程，同樣的，爲使權責分明，有效運用人才，土木一部、土木二部之成立亦勢在必行。

明年將是國開飛躍前進的一年，工程部門之陣容，令人充滿信心，雖有他們的努力，亦須有管理、財務部門的支援，且依目前國開的發展潛力來看，股票上市指日可待，故管理、財務部門如何有效確實掌握公司之各項總務、稽核、人事福利、財稅管理等非常重要，相信有柴山協理協助王經理領導郭襄理等各級幹部，建立國開一套完整之管理體系當可順利運作。

土木、建築、管理將是國開發展的三股強大而又均衡的力量，國開人才濟濟鬥志高昂，務必使人人各得其所各得其位，大家齊心協力為創造公司的前途而努力，相信經過大家十年篳路藍縷的奮鬥，已建立起深厚基礎的現在，正是國開發揮應有實力的時候。

我非常高興，整個公司充滿著高昂的朝氣，同時我亦積極準備傳承的工作，不論是我個人或小島副總都不遺餘力地在培養年輕的一群，也就是第二代的領導者或第三代。明年組織的更新與擴大，將使國開的制度更加健全，每個國開人將更能深刻地體會到公司對他的教育與期望是什麼，我們將會創造一個陣容最堅強的國開營造，也期待各界長官、好友及同業先進繼續給予國開支持與鼓勵，相信只要給國開任何機會，國開全體同仁一定全力以赴，呈現最優質的成果給各位，謹此預祝國開營造及大家順利成功。

新春賀詞

戴文昌

時序又進入歲末隆冬，春節將近，先預祝各位新春愉快，闔家平安。今年在經濟普遍不景氣的冷冽中，國開因為各位同仁的認眞與努力，仍然依著預定計畫有著相當的進步，非常感謝大家。

就建築部而言，今年不但陸續順利完成了極景虹區新建工程、安康一村國宅工程及土銀敦和辦公大樓等工程，更爭取到華瑞公司與裕昌公司合資興建的永和段辦公大樓興建工程等等，為今年的業績交出漂亮的成績單。此外，值得一提的是陽明海運七堵辦公大樓新建工程，該項工程獲選台灣省政府八十五年度優良營造工程獎，是繼震旦企業智慧型大樓後又一品質勞安優良的代表作，更是全體國開人的榮耀與驕傲。在此非常感謝建築部同仁的辛勞與努力，大家辛苦了。獲得優良營造工程獎具有另一實質意義就是工程押標金可減半，可望減低少許營業成本，所以明年將是國開發展的大好時機；希望大家能把握住此一契機，推動國開往更高的境界邁進。

其次，土木部方面在幾位主管積極的帶領之下，今年也有不錯的成績，分別是中投公路——台中市五權南路延伸道路工程CT009標與東西向快速公路彰濱台中線（快官台中段）EW307

標，加上現在順利進行中的東西向快速公路南寮竹東線E203標、漢寶草屯線E404標、中投公路－台中市五權南路延伸道路工程CT010標等，堪稱對公共工程貢獻卓著。尤其E404標由國外引進的先進支撐工法在各級長官鼓勵下，全體參與的國開人不捨晝夜不斷改良修正，終於達到首創四十米以上跨距七天一個循環的工程進度，不但得到業主的肯定，更獲得學術、各研究機構及業界的讚譽；藉此，不但國開的工程技術更精進、更純熟，並將以此精練的技術帶動國內營造業不斷成長，日新又新。除了工程技術的發展外，土木部的工地管理也頗得各界好評，E404標工地獲業主頒發品管評鑑優等，無獨有偶，E203標亦榮獲新竹縣環保局評選爲工地環保優等，充分表現出國開營造追求全面品質的企業良心與自我期許，大家今後也應該繼續以此互相勉勵。

當然，工程單位在業績上的屢屢斬獲一定要有健全的財務與完善的管理作後盾，財務部、管理部所提供的後勤支援，對國開的成就亦屬功不可沒。因爲有你們，第一線的工程單位才能無後顧之憂地放手去做，否則財務架空、管理失序，其表現將會大打折扣。因此，對於居於幕後默默耕耘的財務部、管理部同仁們，請大家一樣不吝惜的給予他們掌聲與感謝。

我眞的非常感謝每一位爲國開盡心盡力的同仁，有了你們的認眞努力，國開才能有今天非凡的成就與明天光明的遠景。各界長官、朋友的愛護關心與支持也是我銘記在心的，國開因爲各位的栽培而不斷成長茁壯，當然今後更會抱持著兢兢業業的態度精益求精，以期不負各位的付託與愛護。

新的一年，期勉國開的每一份子都能同心協力，攜手為這個家打造出更充滿希望的明天，謝謝大家！

總經理致詞

戴文昌

各位貴賓、各位女士、各位先生、還有國開跟我一起辛苦十年或者不到十年的所有親愛同事、及協助我們這十年來一起努力的協力廠商，這麼冷的歲末，你們在這麼忙的時候能夠能參加國開十週年慶暨歲末聯歡晚會，非常非常的感謝大家。

我首先感謝很多貴賓一直很愛護我，不論是我突然生病的時候很關心我，在我康復的時候也很關心支持我。我也很感謝同仁在我生病的時候，特別的努力，能讓國開在營造業很不景氣的這個時候，我們能一步一步的發展，然後展望未來。

我更有自信讓國開能夠更進步，大家一起更成功。我還要特別感謝十年前和我一起合作創立國開的伙伴日本國土開發株式會社的社長辻岡先生，他遠道而來，我們非常歡迎他。

筑波科技大樓新建工程

——開工動土大典特別報導

戴文昌

相對於賀伯來時的狂風豪雨，八月七日的中和格外顯得風和日麗。本公司所承建「華瑞中和筑波科技大樓新建工程」選在該日吉時開工，象徵往後工程平安順利。

筑波科技大樓坐落於中和市中正路與中山路口，乃華瑞公司與裕昌公司共同投資興建，由大宇建築師事務所規劃設計。開工典禮當日各界貴賓雲集，倍增典禮的光采。國華人壽張董事長貞松先生致詞時表示，國開是鼎鼎有名的營造公司，與其有著特殊的感情，而這塊土地有著非凡的生命，所以筑波科技大樓蓋起來一定有非凡的成就及前景，能一躍成為台北市及台北縣的重鎮。日本JDC海外技術本部リーダー宇佐美先生則對於此次工程承蒙指名國開營造承攬致以衷心的謝意；他說筑波科技大樓對我們而言是非常重要的，日本方面也慎重地一語提出技術支援，期以工程的安全、品質及工期做為目標，向前邁進。另位受邀出席的大宇建築師事務所黃建築師有良先生亦以能參與這樣的建設而感榮幸，他表示未來將與承攬的國開營造協調合作，國開是一個很好的營造機構，希望本工程能成為中永和地區一個品質、空間各方面都受好評的大樓。

建築與小品

第三輯

戴麗珠 著

有道德

戴麗珠

有道德，這是現代很多人忽視的。道德指的是不傷害他人，有公德心。而現代一般的民眾生活，大都爲爭取自我一己的權利。而不再重視關懷他人，尊重社會公德。

如果我們希望社會更安寧、更美好。就必須廣泛倡導一般民眾有道德，而不要一心一意只爲自己。

爲了自己而去傷害別人，是很不道德的事情。如果每個人有這樣的認識，社會上就不會有暴力、醜聞、作奸犯科、破碎的家庭等不正常的事。

不傷害他人對有些人來說很容易，對有些人來說很困難，這都是起因於幼時的家庭教育與環境。所以家庭教育與環境，是塑造一個人有道德，或無恥辱心的關鍵。

家庭正常與否、環境的優劣，取決於政府的政策。我們的政府有責任爲所有的老百姓，締造一個有道德心的社會。

政府是爲老百姓服務的，現在政府的官吏大都由民選，官吏的品德、操守、爲官清正與否，都取決於老百姓的能力。但是，現在我們的老百姓有能力選賢與能嗎？

清初黃宗羲有一扁文章叫原君，他說古代的賢君堯舜禹是爲人民做事的，所以沒有人願意出來跟他們爭權位；後來的國君是私天下的，以爲天下老百姓都是自己的財產，所以爭權奪位。放之於現代，他說的話，是否也還帶著反諷？

有道德、不傷害人就不會搞小圈圈，勾心鬥角，爭權奪勢。這是現代的老百姓要愼重推選我們的基層公務員以至上是立法委員、市長總統的重要認知了。否則他們所任用的官吏如何爲老百姓服務而操守廉能？當然，我們的老百姓要有道德、不傷害別人這也是重要的。

朋友！你說是嗎？

情感

戴麗珠

情感是很微妙而驚人的，它可以成就一個人，也可以摧毀一個人；修煉自己的情感使趨於平和寧靜，是每一個人的責任。

我們的社會放任個人的行爲自由是太過份了，因此朝野上下，看到的都是暴力紛爭的局面，引起社會極大的不安。

情感的收放自如，是很高的修養工夫。尤其是面對紛爭的場面，如何驅導？使之平靜而客觀，這需要有極大包容力和情感清晰的人。

情感清晰，才能看透事理，把握時況，不致衝動行事。

清晰的情感，需要理性來引導。不論遇人或遇事，情感都需讓理性爲先導，才不致誤人或誤事。

然而，一般人都被情感所驅使。這是造成個人恩怨、社會紛擾的主因。因此，在情感暴發前，先三思，讓理性先斟酌考慮一下，那將會化解多少社會的不安與個人的紛爭。

情感要專一，才能做好許多事。專注、凝神是需要從小培養的。深入地觀察事態物象是培養情感專一的不二法門。

情感要負責，社會上的許多不安與紛擾，起源於當事者的情感隨意亂放、不負責任。我們並不是反對談變愛，但是成家立業後的男女，實在應該對家庭負責，不宜亂搞男女關係，造成傷害，以及社會的不安。

年輕人對情感應當有所體會，要談戀愛也當一個接著一個，直到找到理想的對象；不宜製造三角甚至多角戀情，使甜美的戀情，變成苦澀。造成像清華大學的慘劇。

情感是微妙而驚人的，善用它，我們會成長、進步，甚至成功；反之，悲劇會隨時產生。朋友們，難道說，我們不應該修煉我們的情感，使之清純、寧馨而美善嗎？

八十七、六、十二

安貧樂道

戴麗珠

安貧樂道很古老的一個傳統，在廿一世紀即將來臨，台灣朝野上上下下追尋經濟奇蹟，發展科技的現在，要大家安貧樂道是屬不可能。既然不可能，又爲何要講？因爲在追逐功利的現代，如果人人能有顆安貧樂道的心，衝突與變亂可能會少些。

安貧樂道就是要人人安於現狀，不要爲了名利勾心鬥角，當然，有些事情我們是要精益求精，日新月異的，但是要從事這些事情的時候，對於生活我們能安貧樂道，不逐名逐利，一切順其自然，水到渠成，犯罪率、社會的不安，一定會降至最低。

人人安於現實，使衝突降至最低點，社會才能長治久安。我有一位老師，他終其一生守著一個工作，最後以副院長的身份退休，他沒有很多錢、也沒有汽車，但是卻有一片快樂、充實的赤子之心，小孩也個個成器，異常優越。

有一位朋友，他也是終其一生在一家經營不錯的雜誌社工作，生活足以溫飽，以藝術創作做爲他精神生活的寄託，雖然沒有大名大利，但是每一次的創作展提出就能轟動一時。

從事文學、藝術與教育的人要他們安於現實，似乎比較可能，但是從事科技與工商的人，未嘗不可。安於現狀把根紮得更深，不要爲浮名浮利所動，生意、工作自然會安定，一切巨大的惡性倒閉就不會發生，無辜的社會大衆也不會遭受其殃，社會自然安定。

我也是個安於教職很久的人，對於世事看得很開，生活得很快樂，而每一個懂得安於現實的人，必定也是如此的，把我們的生活空間放大一點，不再老是在名利上計較，我們就都能快樂的生活，進步的生活。

而這就是現代人的安貧樂道，朋友：你說是嗎？

八十七、六、九

我們的社會笑貧不笑娼？

戴麗珠

從報紙讀到一則社會新聞，彰化的一群國中女生，想自組一間賺錢公司，到MTV或KTV及俱樂部等特種營業場所打工賺錢。

這透露出令人驚嚇的一個事實，我們的社會笑貧不笑娼，以致連十五、六歲的少女，應該是正在求學的孩子，腦子裡想的只是錢，這樣的社會現實令人感到悲哀。

有一回，有一個同事告訴我，他因爲幫助一位朋友助選，走遍台中的大街小巷，結果發現街上的商店，設立得最多的就是特種營業店。他還笑著告訴我，台中不是文化城，實際是個色情城。

這個事實切實是可怕的，雖然說職業無貴賤，但是，特種營業場所，經常是藏污納垢，黑色、黃色兩種人物出入往來的場所，他們只要錢，只要利，完全無所謂道德廉恥。社會的治安不好，就是這種人口急遽上升的緣故。

如果我們的社會放任他們任性而爲，臺灣眞的是一個貪婪之島。沒有社會道德，令善良的百姓生活在岌岌可危，心生不安之中。

經濟固然是重要的，但是比不上道德、廉恥的重要。沒有道德觀、沒有廉恥，任何人什麼事都會做出來，安和樂利的社會就不可能存在。要讓大家生活的安全有保障，大家應該有勇氣，指責不當的行業，指導年輕的孩子，不要只重錢，只重利，而失去了純潔、善良的赤子之心。

青少女、少年只想到要錢，爲的只是生活上的一些額外的享樂，如果家長、老師，能夠教育他們做人的原則，廉恥的重要性，給他們關懷，給他們愛，指導他們如何追求理想。我們的社會才會有安和樂利的一天。

朋友們：讓我們的社會不要再笑貧不笑娼了，是不？

一九九八、六、五

教育的重要

戴麗珠

中國古代的哲人管仲在他的著作牧民篇中，開宗明義地提出治國最重要的是富民，因爲百姓富足了，才會了解禮儀，也才知道恥辱。

現在臺灣的老百姓，大部份是豐衣足食的。但是，社會卻呈現一片亂象，使大部份的人心生不安。爲什麼呢？主要在教育的失敗，管仲說的讓老百姓了解禮儀，了解榮譽和恥辱。而我們的教育卻沒有做到。

小孩子是純眞的一張白紙，他所接觸的環境，給他什麼，他就學習、吸收什麼。小孩生存的環境是社會和家庭，社會即是學校。在學校裡接觸了什麼，他就吸收了什麼。

既然如此，學校教育怎能說不重要呢？我的家庭是個工商世家，對於讀書、做學問，家裡沒有人可以教我。而在這方面，影響我的是學校的老師和同學。

現在，大部份的家庭，夫妻都需要上班，小孩子都託給幼稚園和學校。如果教育辦得不好，我們怎麼能期望，我們的下一代生存的社會會更進步、更接近大家的理想。

教育的重要，我想是每個家庭，爲人父母的最急切需要的。這也是我們社會工作中最重要的一環。

古人說近朱者赤，近墨者黑。教育的重要，自不待言。

在市場裡做小販的父母，可以有讀公立大學的優秀孩子。爲什麼？這是教育的成功。

從報章雜誌上，我們看到有許多作奸犯科的青少年，這是教育的失敗。

當然，教育的成功與失敗，有許多因素。但是，從事教育工作的人，豈能不負責任。

如果校園裡充仟著暴力，我們的小孩怎能不學壞？

如果校園裡滿佈黑函，教師與學校勾心鬥角。我們的小孩如何學好？

孔子說見到好的，我們要想到跟他一樣好；見到不好的我們要深深檢討。但是這句話，恐怕很多老師都忘記教我們的小孩。

我們的社會，已經很富足了。而現在，我們最重要的是教育。如何教導我們的小孩知禮儀，知榮辱？已是刻不容緩的工作了。

朋友們：讓我們大家一起來辦好教育工作吧！

一九九八、五、四

幸福掌握在眞正愛臺灣的人的手中

戴麗珠

人類追求的就是進步、安定與幸福，生長在臺灣這一塊土地上的人自不例外。我們從荷蘭人、滿清的殖民時代、日本人的統治到現在；臺灣人得到了幸福、民主與自由，許多種的聲音，就在現在，這個小小的島嶼上升起，也因此，造成了紛擾與不安。

我們是個民主、自由的社會，當然允許各種不同的聲音存在。但是，我們也不希望，這些聲音破壞我們既有的安定與幸福。

在政治上，近期內，我們想和中國大陸統一，是不可能的；因爲我們不喜歡他們的獨裁專制，而且我們也不願意跟他們一樣過貧窮、困苦的生活。獨立，其實不必明言，因爲我們一直是很獨立地在生活著；明言，只是造成兩岸的紛擾與不安。

如果我們愛臺灣，就應該使這塊小小的島嶼，更加安定與幸福。使生活在這塊小小島嶼上的人，眞的沒有窮困與可憐的人，人人安居樂業、路不拾遺、民不閉戶。

文化的普及、教育的提升、環境的美化、人民素質的提高、法治精神的落實，才是我們現今最迫切的需要。

如果我們愛臺灣，就應該使生活在這塊土地上的人，安心、快樂、自足而不想離開。

進步與安定才是我們最需要的，幸福掌握在眞正愛臺灣的人的手中。朋友！你說是不？

一九九九、七、二十九

臺灣與中國

戴麗珠

臺灣在秦漢被中國人稱為蓬萊仙島，隨唐之際是風塵三俠中虬髯客稱王的所在。明鄭成功時爲臺灣帶來大量的中國人，沈葆禎稱臺灣是中國人的移民世界。直到晚清中國人將臺灣割讓給日本，臺灣被日本人統治五十餘年。西元一九四九年當時的中華民國政府大舉遷臺，臺灣與中國成爲兩個不同的世界，一直到今天。

臺灣解嚴以來，與中國又恢復交流。而實際上是兩個完全不同的世界，臺灣是自由世界；中國是共產世界。近代臺灣被外國人稱爲福爾摩沙，意思是美麗之島。然而由於是海島國家，臺灣人受到環境的影響，生存的競爭，舉國上下，只重視權與錢。對文化與法治相當不重視，尤其一般人舉著自由民主的口號，各自爲自己的利益，爭權（包括錢）奪勢，使得社會上上下下一片紛亂。

文化大革命以後的中國，開始注意文化，雖然一切制度，還是共產思想，但是四個現化的原則推動下，人民的生活豐裕了，雖然也有一些鼓吹自由民主的人士，但在短期內整個社會制度是不會改變的，否則蘇聯的瓦解就是一個例證。只有社會安定，國家才會進步，這是中國領導階層有的共識，所以鄧小平死了，但是中國的領導階層並沒有發生爭權奪勢，分裂、紛爭的情形。穩定、改革弊端、現代化，中國的能力自然強，才能攀升為世界大國。

反觀臺灣，只有小小的面積，人口也不能跟中國比，上下卻為了權、財，上下自亂，文化沒有共識，人人為所欲為，長此以往，社會豈能不亂？人民豈能不窮？

臺灣與中國，同樣的，如果都想成為世界強國，社會安定、人民富足、文化受到重視與共識，紛爭不再、亂象解除，才能同樣生存在世界舞臺，受世人的愛戴與重視。

八十六、七、三十

遠離世俗

戴麗珠

生在世俗、長在世俗、身在世俗，但心與生活卻遠離世俗。

教書是崇高的職業，教中國古典文學，更使我遠離世俗。

遠離世俗是一種福氣、是一種超越，是一種解脫。

是一種對生命的執著與喜稅。

沒有婚姻的羈絆，沒有孩子的糾纏，一個人在家裡，無憂無慮。

遠離世俗是追求心靈寧靜的方策，世俗紛紛擾擾；人與人的關係，只爲某種既定的利害而存在；利害不再，關係立即冷淡。世俗是現實的、變化萬端的、沒有不變的情誼，沒有永恆的承諾。人人在這滔滔滾滾的世俗中浮沉，成者爲王，敗者立即被淘汰，人就在這樣無意義的掙扎中消失了。

遠離世俗，使我們眞正追尋到心的寧靜。

遠離世俗，不是脫離社會世俗，我們生活在世俗中，卻超脫出一切的名、利、權勢，我們可能因此被排擠；所以必須有能力在世俗中生活下去。

家是遠離世俗的堡壘，親人之間的情與愛是遠離世俗的活泉。人間沒有愛，人間就沒有溫暖。

工作是遠離世俗的能源，沒有工作就沒有遠離世俗的能力。如何生在世俗、長在世俗、身在世俗，卻能心與生活遠離世俗？這是一種修養；朋友！你以爲呢？

遠離世俗，使我心靈寧靜。

閒情偶思

戴麗珠

自從哥哥逝去，閒逸的心久已不復記憶。每天照常地過日子，心卻不再清明。今天重拾塵封已久的事，在下課後，坐在有著冷氣的書房，深思片片。

生命是喜悅的，死亡令人錐心。然而每人終有一死，比起長壽的人，哥哥只不過是早卒而已。但是再超脫也洗不掉這永遠的痛，「十年生死兩茫茫，不思量自難忘」，毋須時光的久長，哥哥永久會在我的心田中浮起，而這個痛是無法治癒的。只因爲他是我唯一疼愛我的兄長。

最近社會出現幾件聳人聽聞的案件，顯示出我們的社會病了。因而最重要的是大家應該有一個共識：提高全民的文化素養，凝聚全民的道德觀。我們希望我們的百姓，內心是淳厚的，胸襟是開闊的，具有優美天成的情操與美感。

由每個人所建構成的家，是社會的基石。只有良好、穩固的家，社會才會充滿愛和溫暖。不幸的家庭，單親的家，顯示社會道德的混亂。已然形成的事實，我們不多置啄，如何推展成人的再教育，關懷幼童、照顧並正確地教育未成年人，使整個社會能夠重新甦活，充滿道德、愛、互助、合作、正義、淳厚等善良的風俗，才是目前刻不容緩的工作。

青年人渴望愛、對愛充滿憧憬和理想，如何落實青年人的夢和理想。使他們都能眞正享受正常的愛，締結正常美滿的家庭，是社會的責任。

窗外突然下著滂沱大雨，替有些熱的天氣帶來絲絲涼意。我站起來關掉冷氣，所謂青出於藍而更甚於藍，只有我們的下一代比我們更幸福。我們的社會才會是正確而健康的，我這樣想。

讓大雨洗刷掉一切的塵埃與不幸，讓我們的社會重新更甦，像青翠的樹木，展現它清新的生命力。使生命重新充滿希望，我想哥哥在天上有知，一定也是希望如此的。

寫給哥哥戴銘谷文昌

戴麗珠

秀珠告訴我，哥哥病勢危險的消息，我只想到在這生死一線的剎那之前，希望哥哥能平靜、無憾地面對自己。哥哥的一生坎坷波折，但是在這幾年，總算是個企業界的名流。也是因爲如此，造成您忽略身體的保養，而罹患絕症，發現時，已是末期。這一年多來，哥哥跟病魔苦戰，您的意志力發揮到了極限，終於敵不過生化的治療，躺了下來。

在哥哥沒有嚥下最後這一口氣之前，我想讓哥哥安心。我想無論您事業是否成功，無論您身後是否眞正有人愛您，思念您，您都是我一生生命的掌舵者，是我最深愛敬佩的兄長。

由於您在我小時候對我的教養，使我雖出身寒門，卻能躋身學術界，一心向上。我一生最令您失望傷心的事，就是我沒有聽您的話自由戀愛結婚。但是，在我婚後生活清苦時，您總會問我需不需要錢用。我結婚不孕，您漏夜開車載我找名醫治療。我生病失眠，您來陪我，與我聊天，等我睡著了，您才離開。哥哥愛我，從小就希望我永遠健康美麗。當我結婚失敗時，您告訴我，缺陷也是一種美，要堅強、勇敢地活下去，現在我快樂堅強的活著，但是哥哥卻有可能要離我而遠去，我的淚水，不禁潸然。

哥哥：我知道您有千言萬語，要交代您四周的親朋好友，何況這個病是在您籌劃多媒體工程，要開創事業新契機的時刻，您要成立基金會，您還有許多社會工作要做，然而，您卻必須遠離我們而去。您的遺憾，我深深了然，我會永遠記得您再次對我的期許，不慕榮利，只做個踏踏實實，努力研究的學者。

看著家人悉心地照顧您，您必然感到安慰。卻有一點大家或許還不了解，您是異常愛鄉、愛土的。當年輕時，您第一次出國留學，那時社會是很封閉的，您留學回國，剛下飛機到達飯店之後，你就抱著我痛哭失聲。我才知道您在國外所受的壓力。可是，您毅然決然回來，並開始創業，成爲十大傑出青年。這裡有我們最愛的家園，生於斯，長於斯。我們要在這塊土地上拚命，創造一個和樂的鄉土。這是您啓示我的。

哥哥：您對我的教誨，我永遠不會忘記，我的努力也即是您的成果。雖然或許您不能完成您的心願，發展您的才華，但我會永遠記得您，永遠秉持著您的毅力，不到最後一分鐘決不輕言放棄，而即使倒下，我們的心也是舒坦的。

哥哥：安心吧！您永遠是我心中，一顆閃爍的明星。將永遠引領我邁向學術研究，完成您的願望。而這一切的成績，都是您給予我的啓示。這裡有我們最愛的家園，我們要不斷地奮鬥上進。是不？

哥哥：安心吧！您擁有我們很多很多的愛與祝福。希望以您的毅力，讓我們再創奇蹟。讓我們再一次的攜手與病魔奮鬥，而能克服病魔，再爲社會服務。如果失敗，我們的心也是坦然的，是不？銘谷哥哥……

西方之美——義瑞法之旅

戴麗珠

獨自一個人隨團旅行，是要看看這個世界，拓展視野、了解人。

一九九九年八月六日，由中正機場出發，過境香港，乘國泰班機飛往羅馬。

七日晨七點左右抵達羅馬李奧耐多達文西國際機場，七點半出發到競技場（又叫鬥獸場），旁邊爲君士坦丁凱旋門，沿途寬廣的田野，牧草連連。八點進入市區，街樹茂密，途經一個林木茂盛的園區，重重樹林間，中間有廢墟，之後進入君士坦丁凱旋門。

羅馬競技場，外觀斑剝，古樸深邃，歐洲遊客相繼而來，坐在場外圍欄，自有一種閒散古拙的趣味，四圍花木相襯之下，閒遠、悠然。

九店半離開競技場，到威尼斯廣場、無名英雄紀念堂，途經眞理之口、臺伯河、古羅馬市集，聖母瑪利亞雪地大教堂。

羅馬國際大道，古拙的建築爲羅馬市區的文化表率；步行到許願池，之後到萬神殿，徒步於羅馬市區，巷弄狹長而窄，恍如回到鹿港舊市區的感覺。

下午一點二十五分原車開往梵諦岡聖彼得大教堂，莊嚴、華麗、神聖，是西方彫塑與壁畫的聖殿；到此深深感受西方宗教文化之美。

八日遊覽比薩斜塔，一旁有羅馬式雪白的兩大建築，斜塔巍峨地立在天地之中，四周遊客絡繹不絕，商店林立。

下午三點出發到佛羅倫斯，參觀聖母百花大教堂，天堂之門、米開朗基羅廣場，途經亞諾河，兩岸屋宇連綿，進入林木森森的街道。

遊義大利，重點在參觀教堂、古蹟、羅馬式建築，拜占庭建築，整個城市充滿古樸的風味。

次日專車遊覽水都威尼斯，參觀世界最大、最著名的水晶玻璃工廠；水晶工藝產品大大小小都有，美極。之後搭乘小船，沿著巷弄河道遊城，聽樂師唱歌，悠哉遊哉！神曠心怡。

由威尼斯、米蘭，到瑞士的渡假小鎮盧森，一路上風景如畫。

第六天前往海拔三千零二十公尺高的鐵力士山，山上終年積雪，由山下往上看，雪白連綿的積雪，使景色更生動，乘攬車上山後，看到一片濛濛的雪景。

第七天專車前往法國南部的酒鄉迪戎，小城古樸典雅，法人坐在店外飲食，優閒曠遠，與義大利人的吵雜自是不同。

在瑞士晚上乘船夜遊寬廣的湖景，湖面平靜如鏡，四面風景如畫，一片清幽，空氣清新，毫無污染，實在美極、棒極！眞所謂百聞不如一見，能親身體會西方之美，眞的有福氣。

由迪戎乘子彈列車開往花都巴黎，也是一種享受，然而巴黎的子彈列車，較日本的速度慢但更平穩。

晚上乘船遊覽塞納河，欣賞巴黎夜景，巴黎鐵塔（有名的艾飛爾鐵塔）燈光如畫，也是一景。

最後一天遊凱旋門、香舍里榭大道，參觀羅浮宮、凡爾塞宮，巴黎的建築都是哥德式，與羅馬給人的感覺，自是不同，巴黎給人的感覺就是龐大，這樣蜻蜓點水式的遊覽，眞的令人無法了解它的眞面目，下次有機會，我還會再來。

假日

戴麗珠

假日，休閒在家，隨興到文化中心、畫廊走走，沒想到卻有斬獲。

花東玉石展：

古玉最爲珍貴，其次爲大陸玉石，兩者一直都爲大衆所鍾愛；台灣玉石也許因爲近水樓臺——很容易取得，因而不像古玉或大陸玉石人人爭相寵愛。台中文化中心展花東玉石，石質的美與彫刻家的匠心融合爲一，令人賞心悅目，本土的玉石，雖然不是名貫中西，但也有它的藝術價値與可塑性。

花東玉石有白玉髓、藍玉髓、紫玉、總統石、黑膽石等，像秀姑玉的鱷魚，台東古玉的可卡狗，白玉髓的白豬、玉豬，年糕玉的青蛙、雪花玉的頸飾；件件栩栩如生，充滿美感。

本土的東西、便宜的東西，並不一定是沒有價値的。

王天君與鎭宅大帥：

一直對民藝品有興趣，在文化中心附近的峰生藝廊發現二件民藝品，一件表現台灣民間信仰的神像——王天君，王天君是天上的監察委員，正直的神儀，聰睿遒勁，臉部的表情，身上的衣紋，刀筆孔武有力，刻工細緻，不愧是一尊充滿藝術美的民間藝品。

王天君——表現台灣百姓對天神的祈望。

另一件出自大陸閩南的民間藝術品——鎭宅大帥。

站在瓦上的騎馬英姿，表現天神鎭宅避邪的雄風，馬的挺拔，大帥的神俊，由綠釉、黃釉襯托出來。特異的是大帥的臉部雪白而平和，沒有一般天神的凌厲，顯出明代歌舞昇平的藝術風俗。

鎭宅大帥不似臺灣民間風獅爺的猙獰恐怖。

輔大應用美術系金工創作展：

早年對首飾一直很有興趣，然而，傳統華貴的寶石，一般是買不起的，只能在櫥窗外欣賞；直到劉萬航先生由海外回來，在春之藝廊（已經休業）舉行第一次創作展，才眞正見識到現代風格的首飾，喜愛和佩服下，一晃十多年就過去了。

直到二年前，芬妹到草屯手工藝研究所學金工，才又開始注意現代首飾的發展；曾經在東京國立近代美術館工藝館，看到伊朗工藝展所展出的現代首飾，新穎、大方，利用銀與銅或寶石的設計，無論項鍊、耳環或胸針華麗、典雅、新潮兼而有之。

沒想到雅特會展出本土年輕一代的金工創作展，觀賞之餘，不禁爲現代的台灣藝術，發出朗暢的一笑。手鐲、戒子、墜子的設計都討人喜愛，充滿現代感而且實用，應該是受年輕人喜愛的藝術品。

假日，四處走走看看，也是滿好的。

蘇東坡

戴麗珠

讀古書、看古人爲的是能開闊人的胸襟，達到做人美善的境界。雖然說世代變化、社會永遠在改變，但是不變的是做人的原則，然而，每個人的處世態度不同，也不必要要求人人相同。

在古代文人中，我最欣賞的是蘇東坡，哲學家是莊子。我們先不談莊子，就只談蘇東坡。蘇東坡是北宋大文豪，只要讀過中國書，對他就不會陌生，而他最令人欽仰的和最值得人學習的，是什麼？

曠達開闊的胸襟和熱愛生命的態度，是我覺得需要不斷學習的。蘇東坡的曠達和開闊，成就他在文學與藝術上不朽的志業。而他的深情和熱愛生命使他坎坷的一生充滿歡愉與溫馨。

不管人生有多大的打擊，對蘇東坡而言，他都不在乎，因爲他知道，他要做的是什麼。也因爲他能如此超脫而自信、自在，他才能寫出許多令人省思的詞章。

對蘇東坡而言，打擊也好，讚美也好，都不能影響他；因爲他在其中完成了他自己。

人如果隨著萬事萬物而遷移，那是很痛苦的。因爲人世的變化是無常的。蘇東坡了悟這一點，所以他能超脫於萬事萬物之上。

福。

人間是溫暖的，因此蘇東坡無論到什麼地方，都能與當地人打成一片，爲他們築堤、造

蘇東坡是可愛、值得現代人欣賞學習的古人，如果我們能夠像他那樣寬容、達觀、深情而不拘泥，相信社會上快樂、進取的人會增加許多。

讀古人書、觀古人行，我們所學習的，不就在這一點嗎？

歲暮迎春

戴麗珠

即將揮別吵雜、動蕩、不安的乙亥年，是歲暮，也是春寒，冷風沁骨，料峭春寒中，彷佛上天在告訴我們，歲暮迎春，春意已逝。

深冬已逝，早春入目，一叢叢雪白的梅，爛熳盛開，等花謝、抽芽時，春天就到了。

在歲暮，心情更加篤定，所有的不愉與不安都過去，逝者已矣，來者可追，緬懷未來，是自由，也是自在的。

漫步經國大道，一地斑爛的花木，襯出落紅滿地的樹蘭，彷彿說寒冬即逝，早春將到。垂柳也振作起精神，吹拂溪澗。

春到人間，送來的是春雨綿綿，細細的雨，濕濕冷冷的，帶點微寒，早春的雨，爲春耕的農民帶來及時雨，紓解了旱象。

緊接著是十天的假期，沒有刻意安排如何作息，日子是瀟灑地過去，靜靜的思維，彷彿達摩面壁，匆匆十天過去，而心靈更加寧靜，歡愉。

前人說少壯不努力，老大徒傷悲。這不僅針對年輕而言，只要是有生之年，有生之月，有生之日，日子就該珍惜；而春天正是一年之始，在嶄新的一年裡，我們更該對自己有所期許。

歲暮已逝，日子又恢復平靜，寧馨是一種福氣，有誰不渴望安定、寧靜的平和歲月？

梅花謝了，櫻花滿山遍野地開，杜鵑亦不示弱，花團錦簇。

春到人間，讓我們珍惜生活周遭的一切，為自己也為下一代找尋安寧與壯大。

時間會撫平傷痕，光陰也會帶給我們希望，在這新的一年，我們將會有所展望，像萬物生意盎然地滋長。顯現生命是一種喜悅。

歲暮迎春，祈祝國泰民安。

午后

戴麗珠

從美術館出來。已是午后，廣場上與一旁的庭園，充滿休憩的人群，大人小孩、男男女女追逐遊戲，空氣中洋溢溫暖與喜悅，使我想起十九世紀的畫家秀拉的名作大碗島上的星期日；午后的陽光，朗暢閒適。

到淡水去，也是一個星期日的午后。與友人四、五，結伴到淡水吃海鮮，我們乘渡輪到對岸的八里，淡水河清澈平靜、涼風徐徐，上岸參觀廖添丁廟，古樸乾淨，旁邊有個小公園，供人漫步，遊人不少，大家排隊等著買好吃的紅龜粿。

淡水的午后是閒散寧馨的。

又是一個午后，我與家人到鹿港遊玩，天后宮香火依然鼎盛，古色古香的市街，寧靜整潔；可惜一出古街，建築物雜亂不堪，攤販林立，髒、亂破壞小鎮的美感。愉快的心情破壞無遺。

鹿港本來是個古老的小鎮，寧馨安靜，現在被商業化得面目全非，只留下天后宮，城隍廟、幾條古街像小丑式的供人憑弔，實在令人惋惜。

如何將傳統與現代結合，建設出一個個具有自我風貌的小鎮，恐怕是台灣二千萬同胞要深思熟慮的。

夏日午后，驅車到附近鄉鎮逛逛，中部的鄉野，香蕉園棵棵翠綠茂密，霧峰，草屯，南投、名間、水里，一路上，車道寬廣舒暢，田野風光一覽無遺。純樸的林野，厚實的產業道路，物阜民富。台灣是個安定而美麗的寶島，生於斯、長於斯，確實是一種福氣。

午后是個美好的時刻，朋友：何妨出外走走。

盛夏

戴麗珠

盛夏在臺灣，一年熱過一年，尤其在大都市，幾乎人人都生活在冷氣房中，溽暑消了；可是，升斗小民依然奔波街頭，炎炎夏日，生活是辛苦的。

六月新娘，清新喜樂，驅車到中部東勢，新郎的家門前有棵大榕樹，客人在樹蔭下聊天，不用冷氣，不用電扇，陣陣涼風，舒爽朗暢，與自然共存，在暑熱中微風徐徐，鄉村的可愛，令生活在大都市的人一新耳目，也蒙受熱誠的款待，享受溫馨舒暢的炎夏。

盛夏，莘莘學子最關心的是聯考，從私立小學、國中、高中、大學，我們的孩子從小生活只為考試，讀書變成負擔，外界的誘惑又多，沒有良好家庭關懷的孩子就變壞。溽暑下，孩子們為考試忙，寺廟香火鼎盛，母親帶著孩子誠心祝禱，父母、親人、朋友在考場外陪考，這是盛夏，最重要的生活寫照。

暑熱令人難耐，於是好些人就到國外避暑。記得去年我也到東京，住了半個月，住家旁有個蔬菜供應中心，玉黍蜀、茄子、番茄、小黃瓜一畦畦長得枝葉茂盛、結實纍纍；晨起，空氣清新、微曦下，漫步田園，一點炎熱的感覺也沒有。

今夏，在台北，一樣的清晨，沒有田園，卻有蟬聲連綿，一波一波的蟬鳴，開啓智慧的心，為溽暑帶來涼爽酣暢，打開窗戶，讓巷子裡的綠葉湧進屋來，熱意全消。

窗外一大片一大片的麵包葉，昂藏濃綠，晴空朗朗，蟬聲、風聲交織成大自然的交響曲，彷彿在詠嘆盛夏的光彩。

朋友！溽暑下，您可好？

杉林溪之旅

戴麗珠

很久沒有看看台灣的鄉野，車快到南投，看到遠遠碧綠的山丘，與一片香蕉園，屋舍穿插其間，田野之美，令人暢然。

蕉葉是詩意的，那麼多的蕉樹，疊成一片片詩情。

名間的溪床在山巒環繞下，椰子樹、甘蔗園、不知名的草木，表現一片田園情趣；雖怪有同事願意放棄台北的繁榮與高職，寧願學陶淵明耕讀此間。

過了名間，環山道穿過竹山、鹿谷，到鳳凰谷鳥園。園口題句：「鳥啼無塵事，花開故人來。」進入園區，與衆山巒齊肩，天氣陰涼，山頂被浮雲掩蓋，群山疊嶂，所謂一覽衆山小，心胸自然開闊。

順著山徑而下，鳥聲在叢林間啁啾，空氣清涼舒爽，眞是很好的健康步道。

出了鳳凰谷鳥園，到溪頭遊樂區，沿路是竹林，在細雨中，挺秀的竹子，不輸於深圳的秀竹，原來台灣的高山帶也能孕育挺拔秀峻，一如古代畫中的竹子。

溪頭烤肉區在大小山嶺間，由於煙雨雲嵐，使得小山頭有如米芾的雲山圖，大大小小、高高低低的松，點在山坡上，像國畫中的苔點；我們的國畫家有的要到黃山、華山去尋靈感，其實，在台灣的山嶺，就有如詩如畫的山色。

在溪頭烤肉結束，乘車繞十二道彎到杉林溪，由於夜色已晚，大家早早用餐後，就各自回旅舍休息。

清晨六點，步出旅舍，沿溪水而行，一邊是高聳的松林，在濃霧中充滿畫意，溪水碧綠，平靜無波，水聲在鳥鳴、蟬吟中潺潺傳來；一邊則花木扶疏，許久沒有看到的繡球花，滿山遍野開放，另外在繡球花床下是初見的金鐘花，像銅鈴，紅白相間，甚是美麗。

八月間杉林溪之旅，留下愉快的一頁。

讀詩三則

戴麗珠

曹操度關山

曹操在民間戲曲中，都是以亂世奸雄的角色出現，這是受了三國演義的影響，其實在三國時代，曹操確實有統一天下的野心，但是他的政治主張與理想，即使在現代依然是可取的。以下我們就以他的一首樂府詩度關山來探討他的政治理想。

天地間，人爲貴。
立君牧民，爲之軌則。
車轍馬跡，經緯四極。
黜陟幽明，黎庶繁息。
於鑠賢聖，總統邦域。
封建五爵，井田刑獄。
有燔丹書，無普赦贖。
皋陶甫侯，何有失職？
嗟哉後世，改制易律。

勞民爲君，役賦其力。
舜漆食器，畔者十國。
不及唐堯，采椽不斵。
世歎伯夷，欲以厲俗。
侈惡之大，儉爲共德。
許由推讓，豈有訟曲？
兼愛尚同，疏者爲戚。

起首四句提出宇宙間以人最爲寶貴，爲政者治理百姓，是爲百姓制定應遵循的法則。其次四句言爲政者要四處考察百姓的生活，足跡遍佈四方邊遠之地。選用美善的人，罷黜邪惡的人，百姓的生活自然能生長繁衍。這都是很合乎民主憲政的思想。

其次曹操提倡法治，有燔丹書以下四句，就體現了這種思想；這首詩最值得我們一提的就是勤儉治國的政治理念，他以爲舜不如堯節儉，所以失卻民心，他也公開地說奢侈是最大的罪惡，節儉是上下共同遵守的美德。

最後曹操採行墨子的思想，鼓勵老百姓要實現墨子兼相愛，交相利，下者必同於上的政治思想，使人與人之間的關係親密而平等。

曹操的政治理念，依然是合用於現代的，尤其推舉伯夷和許多的推讓行爲，更值得爲政者與對政治有興趣的政黨三思而行。

黃仲則橫江春詞之二

黃仲則是清代詩人，橫江是現在的安徽今和縣長江邊，對江南岸是有名的采石磯。這首詩描寫江南柳絲翩翩的美景，詩意雋美，令人感悟春天江南的美麗景色。詩詞如下：

門外晴洲香草香，
浣紗生小愛春陽。
柳絲幾尺花千片，
蕩得春江爾許長。

詩意是門外對著晴朗的沙洲，各種香草散發出陣陣的幽香，浣紗的姑娘從小就喜愛這春日的艷陽天；幾尺長的柳絲和千萬片飛花，搖蕩得橫江春色是如此地悠遠綿長。

江南的春色，筆者還沒有見識過，但是垂岸的江柳，我們在臺大校園的醉月湖邊，卻可以領略，新春湖邊垂柳抽出一絲絲新嫩，在春風中款款擺動，偶爾有麻雀啁啾而過，映著湖中碧色，一片盎然的春意，當不亞於橫江的春色。

柳絲幾尺花千片，蕩得春江爾許長，這是多麼美的春天景色；讓春景爲我們開創更美好的一年。

杜牧鷺鷥

晚唐詩人杜牧的鷺鷥是一首詠物詩，詩意清新而絕俗。我們先來欣賞他的詩：

雪衣雪髮青玉嘴，

群捕魚兒溪影中；

驚飛遠映碧山去，

一樹梨花落晚風。

作者抓住鷺鷥白的特點刻意描繪，鷺鷥雪白的一身與青玉色的長嘴，給我們一種繪畫的美感；成群的鷺鷥在溪水裡捕魚，突然，受驚飛起，襯著碧綠的山色，成群地向遠方飛去，潔白的身影，就好像朵朵雪白的梨花，飄舞在晚風中。

整首詩給我們一種柔美的感受，鷺鷥的雪白與山色的碧綠相映，是一種靜態的美感，而將飛動的鷺鷥比喻成風中舞動的梨花，卻是一種動態的美感，動靜相參，畫意頓生。

鷺鷥在台灣是水田中的點綴，稻苗的碧綠襯托得鷺鷥格外雪白，當它們展翅飛行時，也給人一種美麗的詩意。

然而現在水田日少，公害污染越盛，鷺鷥的影子越來越稀少，我們希望環保當局能留心，不使鷺鷥絕跡才好。

國家圖書館出版品預行編目資料

建築與小品 / 戴錦秀,戴文昌,戴麗珠著. -- 初版
. -- 臺北市：文史哲,民 90
面 ; 公分
ISBN 957-549-398-2 (平裝)

1.論叢與雜著

078　　　　90020598

建築與小品

著　　者：戴錦秀・戴文昌・戴麗珠
出版者：文史哲出版社
http://www.lapen.com.tw
登記證字號：行政院新聞局版臺業字五三三七號
發行人：彭正雄
發行所：文史哲出版社
印刷者：文史哲出版社
臺北市羅斯福路一段七十二巷四號
郵政劃撥帳號：一六一八〇一七五
電話 886-2-23511028・傳真 886-2-23965656

實價新臺幣二四〇元

中華民國九十年十二月初版

ISBN 957-549-398-2